DROEMER

Angela Merkel

# *Die großen Reden*

*Mit einem Vorwort von*
*Nico Fried*

Herausgegeben von
Caroline Draeger

DROEMER

**Besuchen Sie uns im Internet:**
**www.droemer.de**

Aus Verantwortung für die Umwelt hat sich die Verlagsgruppe Droemer Knaur zu einer nachhaltigen Buchproduktion verpflichtet. Der bewusste Umgang mit unseren Ressourcen, der Schutz unseres Klimas und der Natur gehören zu unseren obersten Unternehmenszielen. Gemeinsam mit unseren Partnern und Lieferanten setzen wir uns für eine klimaneutrale Buchproduktion ein, die den Erwerb von Klimazertifikaten zur Kompensation des $CO_2$-Ausstoßes einschließt.
Weitere Informationen finden Sie unter: www.klimaneutralerverlag.de

MIX
Papier aus verantwortungsvollen Quellen
FSC® C083411
www.fsc.org

Originalausgabe August 2021

Ein Imprint der Verlagsgruppe
Droemer Knaur GmbH & Co. KG, München

Covergestaltung: Büro Jorge Schmidt
Coverabbildung: Michele Tantussi / Kontributor / Getty Images
Satz: Adobe InDesign im Verlag
Druck und Bindung: CPI books GmbH, Leck
ISBN 978-3-426-27874-1

2 4 5 3 1

# Inhalt

# Vorwort
## *von Nico Fried*

Ein Buch mit gesammelten Reden von Angela Merkel? Das klingt im ersten Moment wie ein Buch über eine berühmte Köchin und ihren Rührlöffel: ein wichtiges Werkzeug, gewiss, aber nicht das, womit sie Geltung erlangte. Eigentlich sind es nie mehr als drei Worte, die einem sofort zu Angela Merkel einfallen: »Wir schaffen das.« Oder: »Sie kennen mich.« Aber ein kurzer Satz macht ja noch keine bedeutende Ansprache, schon gar nicht jener Satz aus der Flüchtlingskrise 2015, zu dem sie selbst später auf Abstand ging, weil sie sich missverstanden fühlte.

Hat die Bundeskanzlerin überhaupt eine Rede gehalten, die als prägend für ihre Amtszeit gelten kann? So wie die Agenda-Rede ihres Vorgängers Gerhard Schröder 2003 im Bundestag? Oder die Rede Helmut Kohls nach dem Fall der Mauer 1989 vor der Frauenkirche in Dresden? Oder Willy Brandts »Mehr Demokratie wagen«?

Angela Merkel, das ist doch die Kanzlerin, an die aufgeregte Medien in schwierigen Situationen immer wieder vergeblich die Forderung richteten, sie müsse jetzt eine Blut-Schweiß-und-Tränen-Rede halten; die Kanzlerin, von der in jeder Koalitionskrise Machtworte verlangt wurden, die sie nie gesprochen hat; die Kanzlerin, die einmal sehr früh in ihrer Amtszeit ein ganzes Interview nicht über das Reden, sondern über das Schweigen als Mittel der Politik gab – und darüber, »dass man, wenn man phantasievoll mit Schweigen umgeht, viel hineininterpretieren kann«.

Es erscheint deshalb ein wenig überraschend, dass zum Erbe dieser Kanzlerschaft sehr wohl eine erkleckliche Anzahl bemerkenswerter Reden gehört, ohne die das Bild der Regierungszeit Merkels nach 16 Jahren nicht nur unvollständig, sondern auch unerklärlich wäre. Merkel hat sehr selten durch Reden gehandelt – eine Ausnahme war zum Beispiel im Februar 2019 ihre Intervention von Südafrika aus zur Wahl eines Ministerpräsidenten in Thüringen mit den Stimmen der AfD. Aber sie hat ihr Handeln immer wieder mit Reden begleitet, unterlegt, erläutert. Dabei gibt es zwar oft eine Parallelität zwischen dem Politikstil dieser Kanzlerin der kleinen Schritte und den detaillierten, um nicht zu sagen kleinteiligen Erklärungen ihrer Politik. Doch wenn die Kanzlerin zu einem Thema einen Akzent setzen wollte, nahm sie sich auch die nötige Zeit für die gedankliche Vorbereitung. Wenn sie politische Grundsätze beschreiben wollte, legte sie bei der Vorbereitung der Reden auch mal selbst ausführlich Hand an. Wenn ihr etwas wirklich wichtig war, konnte sie auch sehr persönlich werden.

Diese Reden, in denen die Kanzlerin ihre Geschichte oder ihre Gefühlslage oder auch beides nach außen kehrte, gehören zu ihren besten. Sie zeigen, dass Merkel trotz der unbestreitbaren Fähigkeit zum politisch-taktischen Wendemanöver manche Ansichten und Positionen über Jahre in einer Mischung aus Lebenserfahrung, Wissbegier und Intellektualität entwickelt hat. Selbst wenn man ihre Argumente nicht teilte, waren sie doch nie einfach zu widerlegen. Merkel ist ihre ganze Kanzlerschaft über machttechnisch pragmatisch gewesen – politisch prinzipienlos war sie nie.

* * *

Ein Problem an Angela Merkels Reden war das Zuhören. Diese Bundeskanzlerin präsentierte sich in der Regel nicht besonders unterhaltsam, sie erschien meist mehr als Vortragende denn als Rednerin. Bei den vielen Auftritten, die ein Leben als Kanzlerin fast täglich mit sich bringt, las sie oft vom Blatt ab, verhaspelte sich trotzdem häufig und investierte in die Modulation ihrer Stimme nur wenig Mühe. Ihre Sprache geriet bisweilen umständlich, meist formulierte sie vorsichtig, nie auf Effekt bedacht. Mit ihrer Gestik hielt sie es ähnlich sparsam: mal eine sanft geballte Faust, mal ein angewinkelter Zeigefinger, ganz selten die flache Hand aufs Rednerpult gepatscht. Und dann waren da noch die parallel auf und ab schwingenden Hände, für die der frühere Chefredakteur der »Süddeutschen Zeitung«, Kurt Kister, 2009 den Namen »So-groß-ist-der-Fisch«-Geste erfand.

Im Parlament passte das Wort von der Regierungserklärung hervorragend zu Merkels Art des Redens, vor allem der Teil mit dem Erklären. Viele der routinemäßigen Veranstaltungen einer Kanzlerin, vom Wirtschaftsforum bis zur Jahrestagung der Verbraucherschützer, beehrte sie gewiss am meisten mit ihrem Rang und Namen, gelegentlich mit einer politischen Neuigkeit, aber ganz selten mit der Art, wie sie etwas sagte.

Die Rednerin Angela Merkel hatte schon auf den ersten Stufen ihrer Karriere einen schweren Stand. Im Bundestag musste sie sich an Showgrößen der politischen Rhetorik wie Joschka Fischer, Guido Westerwelle oder Friedrich Merz messen lassen. Als Partei- und später auch als Fraktionsvorsitzende war es bereits eine beachtliche Aufgabe, die Skepsis der eigenen Leute in CDU und CSU ihr gegenüber nicht zu bestätigen, ganz zu schweigen von der Herausforderung, gegen das satte Selbstbewusstsein der rot-grünen Führungsriege rund um Gerhard Schröder anzureden.

Das lernende System Angela Merkel scheint allerdings aus dieser Zeit manches mitgenommen zu haben. So spröde sie als Kanzlerin oft vortrug, so geistesgegenwärtig reagierte sie – was zum Beispiel eine große Begabung des Redners Joschka Fischer war – auf Zwischenrufe, Störungen oder Lacher. Es war weniger das Vorbereitete als das Spontane, nicht der Vortrag, sondern ihre Schlagfertigkeit, mit der Merkel einen Saal durchaus in wenigen Worten für sich einnehmen konnte, weil sie für kurze Zeit aus dem Amt ins Authentische wechselte. Als ihr eine AfD-Abgeordnete am 9. Dezember 2020 im Bundestag zum Zusammenhang von Corona-Infektionen und Todesfällen zurief, das sei doch alles »nicht erwiesen«, antwortete Merkel: Sie habe in der DDR ein Studium der Physik gewählt, weil sie sicher gewesen sei, dass man vieles außer Kraft setzen könne, »aber die Schwerkraft nicht, die Lichtgeschwindigkeit nicht und andere Fakten auch nicht«. Das war sowohl ein geschicktes Spiel mit der Wirkmächtigkeit von Wissenschaft wie auch mit dem beliebten Vorwurf mancher Kritiker, Merkel sei noch immer dem Denken der DDR verhaftet.

* * *

Ihre erste Rede als Bundeskanzlerin zu einem Tag der Deutschen Einheit hielt sie 2006. Merkel, gerade ein knappes Jahr im Amt, erzählte in der schleswig-holsteinischen Hauptstadt Kiel sehr persönlich aus ihrer Zeit in der DDR, wie sie Wende und Einheit erlebt hatte und wo sie manches Problem einer allzu schnellen Anpassung sah. Zugleich aber berichtete sie über die Widrigkeiten, denen sie dann in der Bundesrepublik begegnete und die sie nicht erwartet hatte, über Bürokratie und Selbstzufriedenheit. In einem Interview mit der »SZ« sagte sie viele Jahre später, unter Freunden aus der ehemaligen DDR habe man damals gescherzt: »Der Westen ist auch nicht mehr das, was er mal war.«

Die Kieler Rede hätte ein Diskussionsanstoß sein können, aber sie erfuhr kaum Resonanz. Wie wahr manches von dem schon damals war, was Merkel über die alte Bundesrepublik konstatierte, zeigte sich am Ende ihrer Kanzlerschaft in der Corona-Pandemie, nachdem sich bürokratischer Regulierungswust als ein Haupthindernis effektiver Pandemiebekämpfung erwies, was freilich auch die Erfolglosigkeit Merkels in dessen Bekämpfung manifestierte.

Was den biografischen Teil ihrer Einheitsrede betraf, erfuhr die Kanzlerin nicht zum ersten Mal, dass manche ihrer neuen Landsleute wenig Wert darauf legten, von Merkel erzählt zu bekommen, wie es in der DDR war, sondern Merkel lieber aus ihrer Sicht erklärten, was sie gar nicht selbst erlebt hatten. »Es gab Menschen, die sich interessiert haben«, erzählte sie später. »Es gibt aber auch sehr viele, die einfach schwer verstanden haben, dass zwischen dem Staat DDR und dem individuellen Leben der DDR-Bürger durchaus ein Unterschied war.«

So war es vielleicht kein Zufall, dass die Kanzlerin eine Rede, in der sie ihre persönlichen Erlebnisse und Sehnsüchte aus der Vergangenheit im Osten besonders freimütig offenbarte, vor dem amerikanischen Kongress hielt. In den USA weckte Merkels Lebensgeschichte häufig großes Interesse. Eine neugierige Befragung durch George W. Bush zum Beispiel war ein Stein im Fundament einer bemerkenswerten Freundschaft mit dem 43. Präsidenten der Vereinigten Staaten, den die Deutschen eigentlich seit dem Irak-Krieg überhaupt nicht schätzten – was sich erst wieder etwas relativierte, als sie den 45. Präsidenten erlebten.

Ehud Olmert, der erste israelische Premierminister, dem Merkel als Kanzlerin begegnete, sprach mit ihr ebenfalls über das Leben in der DDR. Auch umgekehrt war Israel für Merkel lange Zeit ein völlig unbekanntes Land gewesen. Und doch sollte sie hier 2008 die vielleicht bedeutendste außenpolitische Rede ihrer Amtszeit halten.

Der Weg dahin war weit. Über den Holocaust hatte Merkel in der DDR nicht viel gelernt. In der Grundschule hatte sie eine Lehrerin, die zwar jeden Tag über die Verbrechen der Nationalsozialisten sprach, bis die kleine Angela Kasner nachts von Konzentrationslagern und Krieg träumte. Aber die Opfer waren alle Kommunisten. Einmal im Jahr besuchte die Schulklasse die Gedenkstätte Ravensbrück. Dass in den Konzentrationslagern vor allem Juden ermordet wurden, lernte das Mädchen nicht in der Schule, sondern von den Eltern.

Mit 36 Jahren besuchte Angela Merkel als Bundesministerin für Frauen und Jugend zum ersten Mal in ihrem Leben Israel. Sie gebe zu, sagte sie damals, dass sie wenig über das Land und die Juden wisse. Merkel nahm Israel von Beginn an anders wahr als viele Westdeutsche. Sie kam aus einem Staat, der als gescheitertes Experiment in die Geschichte einging, in einen Staat, der sich genau im selben Zeitraum unter widrigsten Bedingungen behauptet hatte. Hier, wo sie funktionierten, faszinierten Merkel sogar die sozialistischen Elemente wie die Kibbuz-Bewegung.

2008 durfte sie vor der Knesset reden, dem israelischen Parlament. Keiner ihrer Vorgänger hat die Solidarität mit Israel als politisches Prinzip so herausgestellt wie Merkel in ihrer Kanzlerschaft. Sie erklärte die Verantwortung für die Geschichte zur »Staatsräson meines Landes« und die Sicherheit Israels für »niemals verhandelbar«.

Bis heute ist Merkel in Israel sehr angesehen. Ha-Kanzlerit lautete nicht nur die hebräische Amtsbezeichnung, es war so etwas wie ein Markenname. Ihr Verantwortungsbewusstsein gegenüber der deutschen Geschichte und ihr Einstehen gegen jede Form von Antisemitismus und Rassismus haben ihr unter deutschen Juden, aber auch jüdischen Organisationen in der ganzen Welt uneingeschränkte Anerkennung und zahlreiche Auszeichnungen eingebracht.

Umso erstaunlicher, dass Merkel erst kurz vor dem Ende ihrer Kanzlerschaft das erste Mal nach Auschwitz fuhr, um das ehemalige Konzentrationslager zu besuchen. Während ihrer Rede allerdings geschah etwas für diese selbstbeherrschte Kanzlerin sehr Ungewöhnliches: Als sie von den Überlebenden sprach, die sich gefragt hätten, warum sie nicht ermordet wurden, aber ihre Verwandten, da brach ihre Stimme und entglitt in eine deutlich hörbare Vibration. Für kurze Zeit wurde die Kanzlerin von Gefühlen überwältigt.

* * *

Angela Merkel war meist eine vorsichtige Rednerin. Anders als viele Politiker gestattete sie den Regierungssprechern Ulrich Wilhelm und später Steffen Seibert fast nie, die Manuskripte ihrer Reden vorab an die Medien zu verteilen, um deren Arbeit zu erleichtern. Obwohl in solchen Fällen stets das gesprochene Wort gilt, wollte Merkel offenkundig kein Risiko eingehen und bis zum letzten Moment noch die Möglichkeit haben, Veränderungen vorzunehmen; Worte hinzuzufügen, wenn sich noch etwas ergeben hatte; Sätze wegzulassen, wenn sie ihr nicht mehr opportun erschienen.

Merkel ist denn auch äußerst selten vorgeworfen worden, den Ton nicht getroffen zu haben. 2011, nach der Erschießung von Al-Qaida-Chef Osama bin Laden durch amerikanische Spezialkräfte in Pakistan, erfuhr die Kanzlerin harsche Kritik, weil sie in einer Pressekonferenz gesagt hatte: »Ich freue mich darüber, dass es gelungen ist, Bin Laden zu töten.« Und im Mai 2015, ausgerechnet als sie in Moskau mit Wladimir Putin des Sieges der Roten Armee über die Wehrmacht gedachte, nannte sie die Annexion der Krim durch Russland nicht nur, wie viele Male vorher, völkerrechtswidrig, sondern auch »verbrecherisch« – und verwendete damit, wahrscheinlich aus Versehen, einen Begriff, den sie sonst nur für den Holocaust oder einen Völkermord benutzte.

Natürlich wurde Merkel von Medien und politischen Gegnern immer wieder vorgehalten, Angekündigtes nicht verwirklicht, Versprochenes nicht gehalten zu haben. Besonders häufig betraf das den Klimaschutz, aber auch die Neuregelung des Finanzsystems oder zuletzt den Umgang mit der Corona-Pandemie. Besonders unangenehm dürfte für sie jedoch der

Vorwurf sein, sie habe ihr Versprechen einer »lückenlosen Aufklärung« in der Gedenkrede für die Opfer des NSU-Terrors 2011 nicht gehalten. Nachfragen dazu brachten Merkel durchaus in Verlegenheit.

* * *

Lückenlose Aufklärung. Es gibt im Wortschatz von Politikern Begriffe, die immer wieder auftauchen. Bei Merkel ist das zum Beispiel die »feste Überzeugung«, gelegentlich in der Variante: »Ich bin fest davon überzeugt.« Oder die Rechtfertigung ihrer Politik als »nach bestem Wissen und Gewissen«. Solche Begriffe kommen dann in großen Abständen und völlig unterschiedlichen Zusammenhängen in Gebrauch, so auch die »lückenlose Aufklärung«. Die hatte Merkel schon 1999, damals noch als Generalsekretärin der CDU, in der Spendenaffäre ihrer Partei gefordert. Am 9. November 1999 stand dieser Begriff als Zitat von ihr in der Zeitung, auf den Tag genau zehn Jahre nach dem Mauerfall. Helmut Kohl wurde mit den Worten wiedergegeben, er habe »nichts gewusst«.

Ohne Helmut Kohl gäbe es die Merkel von heute nicht. Erst hatte er sie gefördert, später hatte sie sich über ihn hinweggesetzt. »Schauen Sie, ich habe alles von Helmut Kohl gelernt«, hat Merkel kurz vor seinem Tod gesagt. Dann korrigierte sie sich: »Sehr viel gelernt.« Merkel konnte unbeirrbar sein, wie es Kohl auch war. Wie er, war sie als Kanzlerin pragmatisch, ergebnisorientiert, getreu seinem berühmten Motto: »Entscheidend ist, was hinten rauskommt.« Die Verbundenheit mit den USA, das Verständnis, dass Deutschland nur in Europa Erfolg haben kann, die Solidarität mit Israel – das alles war auch Kohl.

Aber von ihm lernen hieß für Merkel auch, manches anders zu machen, mal absichtlich, mal versehentlich, mal notgedrungen. Die Vorstellung, dass die CDU modernisiert werden

müsse, teilte sie mit Kohl; seine Fähigkeit, d…
in der Partei das Gefühl von Rücksichtnahme …
Merkel nie. Sozialdemokraten waren für Koh…
Gegner, für Merkel dreimal der Koalitionspartner. …
Unversöhnlichkeit hatte sie nicht. Einer wie ihr späte…
tionschef und enger Vertrauter Volker Kauder, der …
2002 offen sagte, er halte sie nicht für die richtige Kanzler…
didatin, wäre bei Kohl nichts mehr geworden. Und anders … Kohl in seinen letzten Amtsjahren, als er Unerledigtes mangels Erfolgsaussichten vor sich herschob, war Merkel in der Lage, sich von aussichtslosen Unterfangen zu befreien und dafür Kritik, Ärger und Spott auszuhalten. Deshalb wurde »ein Sozi« mit ihrer Hilfe Bundespräsident, deshalb gibt es heute die Homo-Ehe. Der Kanzler Kohl war dicker als Merkel. Aber sie war dickfelliger.

Im Februar 2006, nur wenige Monate nach Merkels Wahl, empfing sie ihn – man könnte auch sagen: besuchte er sie – im Kanzleramt. Zusammen gingen beide in den Kabinettssaal, Kohl stellte sich hinter den Kanzlerstuhl, Merkel hinter den Stuhl des Vizekanzlers. Auf einem Foto lächeln sie sich an, es sieht aufrichtig herzlich aus, beide wirken geradezu fröhlich. Die Aufnahme ließ Kohl rahmen; er setzte eine handschriftliche Widmung an den Rand: »Für Angela Merkel mit allen guten Wünschen«. Das Bild stand bis zuletzt in ihrem Büro auf Augenhöhe im Bücherregal. Und Merkels Rede auf dem europäischen Trauerakt für Kohl in Straßburg war ein Glanzstück in ihrer Balance aus persönlicher Nähe und aufrichtiger Dankbarkeit ohne Selbstverleugnung und Heuchelei.

* * *

Und dann Corona. Die Pandemie in ihrer ganzen Außergewöhnlichkeit veränderte auch die Kanzlerin. Angela Merkel, die promovierte Physikerin, ist vor allem auf Auslandsreisen ft gefragt worden, was für sie den Unterschied zwischen Politik und Wissenschaft ausmache. Sie antwortete stets: In der Wissenschaft bleibe man nie stehen, eine Erkenntnis sei schon Ausgangspunkt für die nächste Forschung. In der Politik dagegen müsse man immer wieder dasselbe sagen, um immer mehr Menschen von der eigenen Position zu überzeugen.

In der Corona-Krise lebte Merkel wie in beiden Welten: Sie richtete sich an der Wissenschaft aus, die stets Neues über das Virus entdeckte – auch mal das Gegenteil dessen, was zuvor gegolten hatte. In der Wissenschaft gilt so etwas als Fortschritt, in der Politik als Fehler. Von Politikern, Kanzlerinnen zumal, wird Konstanz erwartet. Man könnte auch sagen: Politik im Allgemeinen ist auf Lernprozesse nicht eingerichtet.

Auch als Rednerin eroberte Merkel Neuland, mal von sich aus, mal erzwungenermaßen. Sie wandte sich erstmals jenseits der Neujahrsansprachen im Fernsehen direkt an die Bürgerinnen und Bürger. Sie zeigte im Bundestag Emotionen wie selten zuvor. Aber sie ging einmal auch vor die Kameras, um Bürgerinnen und Bürger für chaotisches Krisenmanagement um Verzeihung zu bitten.

Ihre Fernsehansprache ist wohl aus Merkels Amtszeit das beste Beispiel dafür, wie die Kanzlerin politische Absicht und wissenschaftlichen Stand mit biografischen Elementen und persönlicher Note zu verbinden vermochte, um die nötige Eindringlichkeit zu schaffen. Der Auftritt war gründlich vorbereitet, der Zeitpunkt zweimal verworfen worden, am Ende aber doch genau überlegt. Merkel hatte sich vorher unbeirrt der Zögerlichkeit zeihen lassen: »Die Entscheidung darüber, wann ich wo etwas dazu sage, treffe ich nach den Umständen und den Sachverhalten.« Ein typischer Merkel-Satz.

Am Vormittag des 17. März fiel im Kanzleramt die Entscheidung für die Ansprache am nächsten Abend, ein Mittwoch. Merkel, ihre Büroleiterin Beate Baumann und Regierungssprecher Steffen Seibert setzten sich in der Folgezeit zusammen und entwarfen erste Textideen. Das Kanzleramt hat ein eigenes Referat für Reden der Regierungschefin im Alltagsgebrauch, aber diese besondere Ansprache plante Merkel im kleinsten Kreis.

Die Kanzlerin kümmerte sich danach ums Tagesgeschäft, ihre Büroleiterin schrieb weiter, auch in der Nacht. Die Textfassung von Mittwochmorgen enthielt aus Merkels Sicht noch zu viele Passagen zu den wirtschaftlichen Folgen. Die Kanzlerin strich davon einiges, nicht aus Ignoranz, sondern zur Konzentration der Botschaft. Merkel wollte den Appell zur sozialen Distanz hervorheben, ohne dessen Wirkung alles andere nichts brächte. Zu den Beschränkungen des öffentlichen Lebens formulierte sie: »Lassen Sie mich versichern: Für jemanden wie mich, für die Reise- und Bewegungsfreiheit ein schwer erkämpftes Recht waren, sind solche Einschränkungen nur in der absoluten Notwendigkeit zu rechtfertigen.«

Aufmerksamen Zuschauern fiel später auf: Die Aufzeichnung ihrer Ansprache enthielt nur einen Schnitt. Merkel las den Text, der etwa doppelt so lang war wie die Neujahrsansprachen, praktisch ohne Hänger und Versprecher. Es war ihr Text, und Merkel fühlte sich gut damit. Auch wenn sie sich ihrer Sache alles andere als sicher sein konnte.

# »Gehe ins Offene«

## Rede beim Festakt zum Tag der Deutschen Einheit

*3. Oktober 2006 in Kiel*

Sehr geehrter Herr Bundespräsident,
sehr geehrter Herr Bundestagspräsident,
sehr geehrter Herr Bundesratspräsident,
sehr geehrter Herr Präsident des Bundesverfassungsgerichts,
liebe Gäste aus dem In- und Ausland,
meine Damen und Herren!

Zu Beginn *drei* Eindrücke, *drei* Erfahrungen:

Die *erste* spielt im Herbst 1989. Die Mauer ist gefallen, ich habe Lust bekommen, Politik zu machen. – Raus aus dem alten Beruf an der Akademie der Wissenschaften, rein ins Ungewisse, ins völlig Neue. – Damals, vielleicht auch ein wenig später, ich weiß es nicht mehr genau, schenkte mir ein Freund ein Buch mit einer Widmung. Michael Schindhelm und ich hatten zu DDR-Zeiten einige Monate Tisch an Tisch in der Akademie der Wissenschaften zusammengearbeitet. Vor allen Dingen aber hatten wir miteinander geredet, geredet und noch einmal geredet – darüber, warum man in diesem Staat DDR nie seine Grenzen ausprobieren konnte, darüber, warum vieles so eng, so spießig, so klein war, darüber, wie wunderschön das letzte Geburtstagsfest war, oder darüber, was wir für den nächsten Urlaub planten, und über vieles andere mehr. Wann genau er mir sein Buch geschenkt hat, weiß ich, wie gesagt, nicht mehr. Aber es ist auch egal. Entscheidend ist die Widmung. Sie ist für mich wie die Überschrift über all meine Gefühle, Wünsche und Sehnsüchte aus dieser Zeit. Er schrieb: »Gehe ins Offene!« Das war mit das Schönste, was man mir zu dieser Zeit sagen konnte.

Und wie ich losmarschiert bin, wie viele andere auch, hinaus ins Offene, ins Neue: Zunächst einmal nur, um den Leuten beim »Demokratischen Aufbruch« zu helfen, um Computer aus Kartons auszupacken und anzuschließen – wir konnten anpacken, wir konnten zupacken –; schließlich, um die Verhandlungen zur Deutschen Einheit mitzuerleben. Das waren unglaubliche Tage, Wochen und Monate. Wer nicht wagt, der nicht gewinnt. Nicht fragen, was nicht geht, sondern fragen, was geht. Das war die Haltung, mit der wir, Ost- und Westdeutsche, in den Umbruch jener Zeit gegangen sind. Ich finde, sie sollte ein wenig auch Vorbild für uns heute sein.

Die *zweite* Erfahrung führt uns zum 3. Oktober 1990. Das Wetter in Berlin an jenem Tag war herrlich. Ich machte mich auf zur Feier in der Philharmonie. Alle waren in Festtagsstimmung. Bei mir mischte sich auf einmal Freude mit Sorge, mit so etwas wie Beklemmung. Denn gerade hatte ich entdeckt, dass man über Nacht die DDR-Volkspolizisten in Westberliner Uniformen gekleidet hatte. Die Gesichter aber verrieten noch genau, jedenfalls für mich, woher sie kamen. Alle NVA-Offiziere, alle Volkspolizisten über Nacht in anderen Kleidern – aber über Nacht auch in einem anderen Denken und Fühlen? Für mich begann die Deutsche Einheit also mit einer Art Kulturschock. An vieles, an fast alles hatten wir gedacht. Aber hatten wir ausreichend bedacht, dass der Mensch sein Denken, Fühlen und Erfahren nicht einfach an der Garderobe abgeben kann und dass er das auch nicht will?

Der *dritte* Eindruck führt uns in die Gegenwart. Dass jemand wie ich, eine Frau aus der ehemaligen DDR, dem wiedervereinten Deutschland als Bundeskanzlerin der Bundesrepublik Deutschland dienen darf, ist für mich nach gut zehn Monaten Amtszeit einerseits schon so etwas wie Alltag. Andererseits ist es in einer Stunde und an einem Tag wie heute doch wieder etwas ganz Außergewöhnliches. Dass das möglich ist, auch das ist Deutschland. Sehr, sehr viele haben die Erfahrung gemacht: Manchmal kann es offener sein und weiter gehen, als man es anfangs selbst für möglich hält. Und das ist großartig.

Auch im Sommer dieses Jahres war das so. Die Welt war zu Gast bei Freunden. Schwarz-Rot-Gold, die Farben deutscher Demokratie, vom Hambacher Schloss bis heute, standen für ein Fest aus Fröhlichkeit, aus deutschem Selbstbewusstsein in des Wortes umfassender Bedeutung. Wer hätte gedacht, dass Deutschland und die Deutschen sich einmal so sympathisch, so ansteckend würden freuen können – nicht, weil sie Erste, sondern weil sie Dritte wurden? Wer hätte das früher für möglich gehalten? Die Welt hat ein neues Deutschland kennen gelernt. Auch das ist großartig.

16 Jahre von der Widmung »Gehe ins Offene« bis heute nach Kiel zu diesem Festakt. 16 Jahre nicht nur in meinem Leben, 16 Jahre im Leben aller Deutschen – in Ost und in West, in Nord und in Süd. 16 Jahre – am Anfang stand Begeisterung.

Ich habe mich begeistert für die Stärken, die Möglichkeiten dieses Landes, für die Möglichkeiten der alten Bundesrepublik, für die Soziale Marktwirtschaft. Sie war immer mehr als eine wirtschaftliche Ordnung. Sie ist ein Gesellschaftsmodell. Sie ist Ordnung der Freiheit und des Wettbewerbs, Ordnung der Teilhabe und der Solidarität. Sie versöhnt Arbeit und Kapital.

Ich habe mich begeistert für die föderale Ordnung unseres Landes. Heimat und regionales Lebensgefühl fanden endlich auch bei uns wieder politisch einen Ausdruck. Nicht mehr anonyme DDR-Bezirke, sondern Identität: Die Brandenburger, die Mecklenburger, die Vorpommern, die Sachsen-Anhaltiner, die Sachsen und die Thüringer. Ich habe mich begeistert für die repräsentative Demokratie. Ihre Regeln, ihre Institutionen ermöglichen offene Diskussionen. Gleichzeitig ermöglichen sie, dass am Ende auch in komplexen Sachverhalten verlässliche Entscheidungen stehen, bei denen es nicht einfach um Ja oder Nein geht. Ich habe mich begeistert für die Freiheit, lesen, sprechen und schreiben zu dürfen ohne Furcht vor Nachteilen oder gar Verfolgung, für Medienberichte ohne staatliche Zensur und Einflussnahme. Ich habe mich begeistert für ein Land, das gelernt hat, dass erst aus dem Bewusstsein für die immerwährende Verantwortung gegenüber unserer Geschichte, auch ihren dunkelsten Teilen, die Kraft zur Gestaltung der Zukunft erwächst.

Aus dieser Begeisterung für die Stärken und Möglichkeiten unseres Landes ist Hoffnung erwachsen. Hoffnung, den Verbrauch, also das Leben von der Substanz beenden zu können. Umweltverschmutzung, Städteverfall, Staatsverschuldung – mit all diesem Zukunftsverbrauch sollte Schluss sein. Hoffnung, in Bildung und Wissenschaft wieder an die internationale Spitze anschließen zu können, unsere Potenziale an Ideen, Innovationen und Hochtechnologien nutzen zu können. Viele dieser Hoffnungen haben sich erfüllt. Viele ostdeutsche Innenstädte erstrahlen im neuen Glanz. Die Verkehrsinfrastruktur und die Telekommunikation gehören heute zu den modernsten der Welt. Die Umwelt ist sauberer geworden. Die Gesundheitsversorgung hat sich verbessert. Alten- und Behinderteneinrichtungen sind endlich menschenwürdig geworden. Ein fester Kern wettbewerbsfähiger Unternehmen ist mit neuen und innovativen Produkten erfolgreich.

Aber nicht alle Hoffnungen haben sich erfüllt. In 16 Jahren habe ich so manche Erfahrung gemacht, die ich 1990 so nicht erwartet hatte. Ich habe die Erfahrung gemacht, wie viel Bürokratie und staatlichen Kollektivismus es auch in der alten Bundesrepublik gibt. Niemandem hier im Saal muss ich erzählen, wie viel Geduld, Zeit, Antragsformulare und, und, und man dafür braucht, bestimmte Dinge zu erledigen, zum Beispiel Existenzen zu gründen. Wie aber soll Vertrauen in die Soziale Marktwirtschaft entstehen, wenn die praktische Erfahrung manchmal eine völlig andere Sprache spricht? Was sagen wir beispielsweise in diesen Tagen den Mitarbeitern von BenQ, die so mir nichts dir nichts auf die Straße gesetzt werden sollen? Ich glaube, hier steht ein Traditionsunternehmen wie Siemens – pars pro toto – in einer besonderen Verantwortung für seine früheren Mitarbeiter. Diese Verantwortung muss wahrgenommen werden.

Ich habe die Erfahrung gemacht, wie sehr sich das Leben von der Substanz auch in der Bundesrepublik eingeschlichen hat. Eine horrende Staatsverschuldung, über Jahre hinweg nicht eingehaltene Maastricht-Kriterien und keine Einhaltung des Artikels 115 unseres Grundgesetzes ohne Ausnahmetatbestand – all das ist Leben von der Substanz. Wir verbrauchen unsere Zukunft. Schlimmer noch: Wir verbrauchen die Zukunft unserer Kinder.

Ich habe die Erfahrung gemacht, wie sehr die Macht von Lobby-Gruppen und organisierten Einzelinteressen Einfluss auf fast alle Entscheidungsabläufe nehmen will. Ich erspare Ihnen praktische Beispiele bei der Gesundheits- und Unternehmenssteuerreform. Ich habe die Erfahrung gemacht, welche Schattenseiten der Föderalismus hat. Wenn vor 40 Jahren nur 30 Prozent aller Gesetze zustimmungspflichtig waren und es jetzt bis zur Föderalismusreform mit 60 Prozent doppelt so viele waren, dann ist dabei etwas aus dem Lot geraten. Deshalb ist es gut, dass die Föderalismusreform diesen Kreislauf durchbricht. Deshalb ist es wichtig, dass wir auch eine Föderalismusreform II bekommen. Die Neuordnung der Finanzbeziehungen zwischen Bund und Ländern muss erfolgen.

Dabei müssen wir uns daran erinnern, was unsere föderale Ordnung stark werden ließ. Das war die Idee des Lastenausgleichs. Sie hat einstmals schwache und arme Länder in die Lage versetzt, nach oben zu kommen und Anschluss zu finden. Genau dieser Gedanke ist es auch, der uns beim Solidarpakt für den Aufbau Ost trägt. Nur wenn wir diesem Gedanken des Lastenausgleichs treu bleiben, werden wir es schaffen, dass die Klüfte zwischen Ost und West überwunden werden.

Ich habe die Erfahrung gemacht, dass manche beim Recht, frei ihre Meinung zu sagen oder zu schreiben, eine unnötige Schere im Kopf haben, dass gleichsam die weiße Fahne gehisst wird, bevor auch nur irgendetwas zu passieren droht. Wie anders ist denn die Entscheidung um die Absetzung der Mozart-Oper in Berlin zu werten? Über Geschmack lässt sich trefflich streiten. Es gibt in Deutschland auch kein Verbot, sich verletzt zu fühlen. Man muss auch nicht in eine Oper gehen. Aber über die Freiheit der Kunst, über die Freiheit der Rede, der Presse, der Meinung, der Religion lässt sich nicht streiten. Hier kann und darf es keine Kompromisse geben.

Wenn ein Dialog der Religionen gelingen soll – und dieser Dialog ist für uns alle von existenzieller Bedeutung –, dann muss klar gerückt sein, dass das nur mit der Anerkennung der Würde jedes einzelnen Menschen geschehen kann. Da hat Gewalt keinen Platz. Gewalt im Namen einer Religion pervertiert und missbraucht diese Religion. Respekt von anderen werden wir nur erfahren, wenn wir zeigen, dass wir selbst Respekt vor dem haben, was uns wichtig ist.

Ich habe die Erfahrung gemacht, dass wir den Hang haben, das Risiko vor der Chance zu sehen, dass wir aus Angst vor dem Neuen lieber an Bekanntem festhalten. Aber die Welt um uns herum wartet nicht auf uns. China und Indien werden ihren Weg gehen. Die Globalisierung findet statt, ob es uns passt oder nicht. Die Frage ist nur, ob wir an ihr teilhaben werden oder nicht.

16 Jahre, von 1990 bis heute: Deutschland hat mich verändert und Deutschland hat uns alle verändert. Wenn ich dann

aber frage, was bleibt, was macht für mich Deutschland vor 16 Jahren wie heute aus, wovon hängt Deutschlands Zukunft ab, dann hat sich für mich nichts, aber auch rein gar nichts verändert. Die Zukunft hängt davon ab, dass Deutschland ein Land ist, das die Kraft der Freiheit in sich trägt. Sie ist und bleibt für mich der entscheidende Schlüssel, damit Gerechtigkeit und Solidarität eine Zukunft haben. Das ist Soziale Marktwirtschaft. Deutschland liegt nach seiner Einwohnerzahl auf Platz 14 in der Welt und nach seiner wirtschaftlichen Leistungskraft auf Platz drei. Jedes Jahr finden zigtausend Existenzgründungen statt und rund 100 Milliarden Euro erwirtschaften wir jährlich allein für die Unterstützung der Familien. Es gibt nicht viele Länder, die das zustande bringen.

Das alles ist Soziale Marktwirtschaft. Das alles müssen wir bewahren und wir müssen es mehren. Ich wünsche mir, dass Deutschland den Willen verspürt, in Europa wieder an die Spitze zu kommen. Beginnen wird das damit, dass die öffentlichen Haushalte sich nicht nur einmalig erholen, sondern dauerhaft saniert werden. Weiter gehen wird es damit, dass sich die Arbeitsmarktpolitik auf die Arbeitsplätze des 21. Jahrhunderts ausrichtet, dass wir veraltete Vorstellungen hinter uns lassen. Fortsetzen wird es sich damit, dass der Arbeitsmarkt für einfache Tätigkeiten nicht zerstört werden darf, sondern endlich wieder funktionsfähig gemacht werden muss. Hinzu kommen wird, dass eine durchgreifende Vereinfachung des Steuersystems, sofern wir endlich wieder finanzielle Spielräume haben, auf die Tagesordnung gehört. Kein Weg wird daran vorbeiführen, dass das Gesundheitswesen stärker aus der Abhängigkeit von den Arbeitskosten herausgeführt wird, dass mehr Wettbewerb, Effizienz und Wahlfreiheit hinzukommen, damit jeder in diesem Land auch in Zukunft an den medizinischen Möglichkeiten teilhaben kann.

1990 wie heute hängt Deutschlands Zukunft auch davon ab, dass es ein Land der Ideen, ein Land der Bildung und der Forschung ist. Vor 55 Jahren wurde auf der Internationalen Funkausstellung in Berlin die erste Langspielplatte mit 33⅓ Umdrehungen in der Minute präsentiert. Heute ist diese Erfindung nichts weiter als Nostalgie. Selbst CD-Spieler sind schon wieder von einer neuen Generation von Geräten eingeholt worden. Der MP3-Player, ein mobiles Gerät, ist in einem deutschen Forschungsinstitut entwickelt worden. Aber wie bei so vielem anderen in Deutschland wurde aus dieser Idee leider kein Geschäft für Deutschland. Aus Ideen müssen in Deutschland in Zukunft schneller Produkte werden. Erfindung in Deutschland, Geschäft in Deutschland, Arbeitsplätze in Deutschland – das muss die Gleichung der Zukunft sein.

1990 wie heute hängt Deutschlands Zukunft auch davon ab, dass es in der Gemeinschaft mit anderen Verantwortung in der Welt wahrnehmen kann. Diese Verantwortung ist größer geworden. Der Gemeinschaft mit anderen liegt die Idee der europäischen Einigung nach Krieg, Nationalsozialismus und Leid zugrunde – eine bahnbrechende Idee, für eine friedliche Zukunft über Gräben hinwegzuspringen. Genau diese Idee hat auch die jüngere Geschichte Deutschlands geprägt.

Niemand in der Welt darf denken, er könne alle Aufgaben alleine schaffen. Bei aller Bedeutung von Deutschland, bei aller Bedeutung von Europa, die gewachsen ist, dürfen wir eine Einsicht nie vergessen: Ohne die Vereinigten Staaten von Amerika geht in der Welt in vielen Regionen wenig bis nichts. Bei aller Stärke Amerikas gilt: Ohne Partner ist auch Amerika nicht in der Lage, den Bedrohungen unserer Zeit erfolgreich zu begegnen. Nur in der Werte- und Sicherheitsgemeinschaft mit anderen kann die eigene Sicherheit gefestigt werden. Nur so wird eine Politik für Teilhabe aller an Wohlstand und Entwicklung möglich.

Die Kraft der Freiheit, das Land der Ideen, Verantwortung in der Welt – das machte Deutschlands Stärke vor 16 Jahren aus und das macht sie heute aus. Davon hängt unsere gemeinsame Zukunft ab. Die Politik kann, wenn sie einen langen Atem hat, sehr wohl helfen, die Dinge zum Besseren zu wenden. Unsere Gesellschaft kann, wenn sie eine Verantwortungspartnerschaft zwischen Arbeitgebern und Arbeitnehmern, Bund und Ländern, Jungen und Alten, Gesunden und Kranken ist, sehr wohl auch in Zukunft lebenswert und solidarisch gestaltet sein. Die föderale Ordnung kann, wenn sie dazu beiträgt, dass der eigene Vorteil nicht zugleich der Nachteil des anderen ist, sehr wohl auch in Zukunft stark sein. Dann wird nämlich der Vorteil des Einzelnen zum Gewinn für das Ganze. Denn um das Ganze geht es – ganz besonders an diesem Tag. Es geht um Deutschland.

»Gehe ins Offene« – das ist mir zu Beginn der Deutschen Einheit geschrieben worden. »Gehe ins Offene« – das sage ich heute unserem Land. Gehen wir ins Offene, sehen wir die Chance des Risikos, wecken wir die Kraft der Freiheit für Solidarität und Gerechtigkeit, setzen wir Ideen in Taten um und tun dies in dem Geist, der unser Land stark gemacht hat – in dem Geist von Einigkeit und Recht und Freiheit für das deutsche Vaterland. Dann wird der Tag der Deutschen Einheit immer das bleiben, was er für mich seit 1990 ist: Ein Tag der Freude und ein großes Geschenk.

# »Ich verneige mich«

## Rede vor der Knesset

*18. März 2008 in Jerusalem*

Sehr geehrter Herr Staatspräsident,
sehr geehrte Frau Präsidentin,
sehr geehrter Herr Premierminister,
sehr geehrte Frau Präsidentin des Obersten Gerichtshofes,
sehr geehrte Mitglieder der Knesset,
sehr geehrte Damen und Herren,

Frau Präsidentin, anni modda lachem sche-nittan li le-dabber ellechem kaan be-bait mechubad se. Se kawwod gadol awurri. (Ich danke Ihnen, hier zu Ihnen sprechen zu dürfen. Ich empfinde dies als eine große Ehre.)

Ich danke allen Abgeordneten der Knesset dafür. Ich danke allen, dass ich in meiner Muttersprache heute zu Ihnen sprechen darf. Ich spreche zu Ihnen in einem besonderen Jahr. Denn in diesem Jahr 2008 feiern Sie den 60. Jahrestag der Gründung Ihres Staates, des Staates Israel.

- 60 Jahre Israel – das sind 60 Jahre großartiger Aufbauarbeit der Menschen unter schwierigen Bedingungen.
- 60 Jahre Israel – das sind 60 Jahre Herausforderungen im Kampf gegen Bedrohungen und für Frieden und Sicherheit.
- 60 Jahre Israel – das sind 60 Jahre Integration von Zuwanderern in das Gemeinwesen dieses Staates.

- 60 Jahre Israel – das ist ein Land voller Vitalität und Zuversicht, mit technologischen Spitzenleistungen, mit kulturellem Reichtum und Traditionen.
- 60 Jahre Israel – das ist somit vor allem ein Anlass zu großer Freude. Im Namen der Bundesregierung und der deutschen Bevölkerung gratuliere ich allen Bürgerinnen und Bürgern Israels zu diesem Jubiläum.

Deutschland und Israel sind und bleiben – und zwar für immer – auf besondere Weise durch die Erinnerung an die Shoah verbunden. Genau deshalb haben wir die ersten deutsch-israelischen Regierungskonsultationen gestern mit dem Gedenken in Yad Vashem begonnen.

Der im deutschen Namen verübte Massenmord an sechs Millionen Juden hat unbeschreibliches Leid über das jüdische Volk, über Europa und die Welt gebracht. Die Shoah erfüllt uns Deutsche mit Scham. Ich verneige mich vor den Opfern, ich verneige mich vor den Überlebenden und vor all denen, die ihnen geholfen haben, dass sie überleben konnten.

Der Zivilisationsbruch durch die Shoah ist beispiellos. Er hat bis heute Wunden hinterlassen. Er schien Beziehungen zwischen Israel und Deutschland zunächst geradezu unmöglich zu machen. In den israelischen Pässen stand lange Zeit der Satz: »Gilt für alle Länder mit Ausnahme Deutschlands.«

Umgekehrt habe ich selbst die ersten 35 Jahre meines Lebens in einem Teil Deutschlands, in der DDR, gelebt, der den Nationalsozialismus als westdeutsches Problem betrachtete. Auch den Staat Israel hat die DDR bis kurz vor ihrem Ende nicht anerkannt. Es dauerte über 40 Jahre, bis sich ganz Deutschland sowohl zu seiner historischen Verantwortung als auch zum Staat Israel bekennen konnte.

Ich bin zutiefst davon überzeugt: Nur wenn sich Deutschland zu seiner immerwährenden Verantwortung für die moralische Katastrophe in der deutschen Geschichte bekennt, können wir die Zukunft menschlich gestalten. Oder anders gesagt: Menschlichkeit erwächst aus der Verantwortung für die Vergangenheit.

Wir sagen oft: Deutschland und Israel verbinden besondere, einzigartige Beziehungen. Was aber ist damit genau gemeint – einzigartige Beziehungen? Ist sich gerade mein Land dieser Worte bewusst – und zwar nicht nur in Reden und Festveranstaltungen, sondern dann, wenn es darauf ankommt?

Wie gehen wir zum Beispiel ganz konkret damit um, wenn die Gräueltaten des Nationalsozialismus relativiert werden? Hierauf kann es nur eine Antwort geben: Jedem Versuch dazu muss im Ansatz entgegengetreten werden. Antisemitismus, Rassismus und Fremdenfeindlichkeit dürfen in Deutschland und in Europa nie wieder Fuß fassen, und zwar weil alles andere uns insgesamt – die deutsche Gesellschaft, das europäische Gemeinwesen, die demokratische Grundordnung unserer Länder – gefährden würde.

Oder wie gehen wir damit um, wenn in Umfragen eine deutliche Mehrheit der Befragten in Europa sagt, die größere Bedrohung für die Welt gehe von Israel aus und nicht etwa vom Iran? Schrecken wir Politiker in Europa dann aus Furcht vor dieser öffentlichen Meinung davor zurück, den Iran mit weiteren und schärferen Sanktionen zum Stopp seines Nuklearprogramms zu bewegen? Nein, wie unbequem es auch sein mag, genau das dürfen wir nicht. Denn täten wir das, dann hätten wir weder unsere historische Verantwortung verstanden noch ein Bewusstsein für die Herausforderungen unserer Zeit entwickelt. Beides wäre fatal.

Genauso fatal wäre es, wenn wir die Frage ausblenden würden, wie wir die Erinnerung an die Shoah wach halten können, wenn eines Tages keine Zeitzeugen der Shoah mehr am Leben sein werden. Ja, es ist wahr: Orte des Gedenkens sind wichtig – Orte wie das Holocaust-Mahnmal in Berlin oder Yad Vashem. Sie halten die Erinnerung wach. Aber wahr ist auch: Orte allein reichen noch nicht aus, wenn Erinnerung Geschichte wird. Erinnerung muss sich immer wieder neu bewähren. Aus Gedanken müssen Worte werden und aus Worten Taten.

Der erste Premierminister Ihres Landes, David Ben Gurion, und der erste Bundeskanzler meines Landes, Konrad Adenauer, haben uns genau das vorgemacht. Deshalb war es mir wichtig, am Sonntag in den Kibbuz Sde Boker zu fahren und dort am Grab von Ben Gurion einen Kranz niederzulegen. Denn es waren Ben Gurion und Adenauer, die den Gedanken Worte, den Worten Taten folgen ließen. Sie legten mit Vorsicht und Weitsicht die Grundlage für die Beziehungen zwischen unseren Staaten.

Heute ist es an uns, an meiner Generation, zusammen mit der jungen Generation das Bewusstsein für eine Erinnerungskultur zu wecken – eine Erinnerungskultur, die auch dann trägt, wenn die Überlebenden der Shoah nicht mehr unter uns sein werden. Natürlich gibt es dafür kein Patentrezept. Aber diese Herausforderung zu erkennen und sie anzunehmen – genau das ist der erste entscheidende Schritt, um zusammen mit der Jugend kreative Wege für eine Erinnerungskultur der Zukunft zu entwickeln, und zwar in Israel und in Deutschland gemeinsam.

Helfen kann uns dabei eine Kraft, die uns auch in den vergangenen Jahrzehnten geholfen hat: Es ist die Kraft zu vertrauen. Diese Kraft zu vertrauen hat ihren Ursprung in den Werten, die wir, Deutschland und Israel, gemeinsam teilen: den Werten von Freiheit, Demokratie und der Achtung der Menschenwürde. Sie ist das kostbarste Gut, das wir haben: die unveräußerliche und unteilbare Würde jedes einzelnen Menschen – ungeachtet seines Geschlechts, seiner Abstammung, seiner Sprache, seines Glaubens, seiner Heimat und Herkunft.

Das Bewusstsein für die historische Verantwortung und das Eintreten für unsere gemeinsamen Werte – das bildet das Fundament der deutsch-israelischen Beziehungen von ihren Anfängen bis heute. Heute nun leben wir, die Deutschen wie die Israelis, wie alle Völker dieser Welt in einer Zeit mit gewaltigen Umbrüchen. Das Gefüge der Welt verändert sich. Die Vernetzung von Staaten, Wirtschaft und Gesellschaften erreicht ein bisher unbekanntes Ausmaß. Viele Menschen haben Angst vor dieser Entwicklung. Sie spüren: Das Zusammenleben der Nationen, der Religionen und Kulturen gehört zu den großen, alles überragenden Themen der Gegenwart. Großartige Perspektiven stehen dicht neben erheblichen Risiken. Das ist Globalisierung.

Es ist meine feste Überzeugung: Angesichts dieser bahnbrechenden globalen Entwicklung brauchen wir über nationale Grenzen hinweg ein globales, ein gemeinsames Bewusstsein für die zentralen Herausforderungen unserer Welt – den fairen Anteil aller am Wohlstand, den Schutz des Klimas, den Kampf gegen die neuen Bedrohungen durch Terror und Massenvernichtungswaffen. Aber wir brauchen dieses Bewusstsein nicht nur dafür, die Herausforderungen zu erkennen, sondern wir brauchen es, um die Herausforderungen zu meistern. Das geht heute in vielen Bereichen kaum noch allein, sondern nur noch im Miteinander von Staaten, und zwar solchen Staaten, die als Partner durch Werte und Interessen verbunden sind.

Für mich steht außer Frage: Israel und Deutschland, Israel und Europa sind solche Partner – verbunden durch gemeinsame Werte, verbunden durch gemeinsame Herausforderungen und verbunden durch gemeinsame Interessen. Denn Stabilität, wirtschaftliche Prosperität, Sicherheit und Frieden in Europa wie in dieser Region sind in unserem beiderseitigen Interesse.

Genau in diesem Bewusstsein haben wir mit den ersten deutsch-israelischen Regierungskonsultationen ein neues Kapitel in der Geschichte der Beziehungen unserer beiden Staaten aufgeschlagen. Genau in diesem Bewusstsein haben wir ein ganzes Bündel von Projekten und Vorhaben verabschiedet – in der Außen- und Verteidigungspolitik, im Bereich der Wirtschaft, für den Austausch der Jugend, in der Zusammenarbeit von Justiz und im Umweltschutz und nicht zuletzt auch im Bereich von Wissenschaft und Forschung.

Es ist keine Übertreibung, wenn wir feststellen: Die Beziehungen unserer beiden Länder sind ausgezeichnet. Aber wir wollen diese Verbindungen und das Vertrauen zwischen unseren Völkern noch weiter stärken. Wir wollen unsere Partnerschaft noch weiter festigen:

- In der Jugendarbeit – zum Beispiel durch ein gemeinsames deutsch-israelisches Zukunftsforum, das in einer gemeinsamen Stiftung junge Deutsche und Israelis in Wirtschaft, Wissenschaft und Kultur einander noch näher bringen wird.
- Im Wissenschaftsbereich – zum Beispiel durch das gemeinsame Deutsch-Israelische Jahr der Wissenschaft und Technologie.
- Auf dem Gebiet der wirtschaftlichen Beziehungen – indem zum Beispiel Unternehmen in beiden Ländern das Potenzial vor allem in den zukunftsweisenden Branchen noch stärker als bisher nutzen.
- Und im Bereich von Umwelt- und Klimaschutz – indem zum Beispiel das Hochtechnologieland Israel sein umfassendes Know-how insbesondere auch im Bereich Wasser und Bewässerungswirtschaft einbringen kann und indem eine neue Form der trilateralen Zusammenarbeit zwischen Deutschland, Israel und Afrika entwickelt wird.

Über alle diese und weitere Zukunftsprojekte und Vorhaben haben wir gestern beraten. Aber alle diese Projekte spielen sich nicht im luftleeren Raum ab. Denn während wir beraten haben, ist Israel bedroht. Während wir hier sprechen, leben Tausende von Menschen in Angst und Schrecken vor Raketenangriffen und Terror der Hamas. Ich sage klar und unmissverständlich: Die Kassam-Angriffe der Hamas müssen aufhören. Terrorangriffe sind ein Verbrechen. Sie bringen keine Lösung in dem Konflikt, der die Region und das tägliche Leben der Menschen in Israel und das Leben der Menschen in den palästinensischen Autonomiegebieten überschattet.

Ich habe wiederholt zum Ausdruck gebracht und sage es auch hier: Deutschland tritt entschieden für die Vision von zwei Staaten in sicheren Grenzen und in Frieden ein – für das jüdische Volk in Israel und das palästinensische in Palästina. Nachdrücklich unterstützen wir deshalb in der Folge der Annapolis-Konferenz alle Bemühungen – insbesondere auch die der amerikanischen Regierung –, die dazu beitragen, diese Vision in die Tat umzusetzen und die helfen, Frieden in der Region herzustellen.

Ich weiß sehr wohl: Sie brauchen keine ungebetenen Ratschläge von außen und schon gar nicht von oben herab. Eine Lösung kann am Ende nur durch Sie hier in Israel und die Palästinenser selbst erfolgen. Aber Unterstützung durch die internationale Gemeinschaft will ich Ihnen und Ihren Verhandlungspartnern auf palästinensischer Seite, vorneweg Präsident Abbas, ausdrücklich anbieten. Denn wir wissen, dass es zur Umsetzung der Vision von zwei Staaten Kompromisse bedarf, die von allen Seiten akzeptiert werden. Es bedarf auch der Kraft zu schmerzhaften Zugeständnissen.

Wir wissen, dass es nicht nur im Interesse der Region hier ist, diesen schwierigen Prozess zum Erfolg zu führen, sondern in unser aller Interesse. Denn Instabilität hier bleibt auch für uns in Deutschland und Europa nicht ohne Folgen. So birgt gerade auch die Lage im Libanon große Unsicherheit. Deutschland unterstützt die Bemühungen der Arabischen Liga, um die Krise dort zu lösen. Das aber wird nur gehen, wenn auch Syrien die legitime Regierung des Libanon endlich anerkennt und einen konstruktiven Beitrag zur Lösung der Krise leistet. Dazu fordere ich Syrien auch von dieser Stelle aus auf.

Besonderen Anlass zur Sorge geben ohne Zweifel die Drohungen, die der iranische Präsident gegen Israel und das jüdische Volk richtet. Seine wiederholten Schmähungen und das iranische Nuklearprogramm sind eine Gefahr für Frieden und Sicherheit. Wenn der Iran in den Besitz der Atombombe käme, dann hätte das verheerende Folgen – zuerst und vor allem für die Sicherheit und Existenz Israels, dann für die gesamte Region und schließlich, weit darüber hinaus, für alle in Europa und der Welt, für alle, denen die Werte Freiheit, Demokratie und Menschenwürde etwas bedeuten. Das muss verhindert werden.

Dabei muss eines klar sein – ich habe es bereits vor den Vereinten Nationen im vergangenen September gesagt und ich wiederhole es heute: Nicht die Welt muss Iran beweisen, dass Iran die Atombombe baut; der Iran muss die Welt überzeugen, dass er die Atombombe nicht will.

Gerade an dieser Stelle sage ich ausdrücklich: Jede Bundesregierung und jeder Bundeskanzler vor mir waren der besonderen historischen Verantwortung Deutschlands für die Sicherheit Israels verpflichtet. Diese historische Verantwortung Deutschlands ist Teil der Staatsräson meines Landes. Das heißt, die Sicherheit Israels ist für mich als deutsche Bundeskanzlerin niemals verhandelbar. Und wenn das so ist, dann dürfen das in der Stunde der Bewährung keine leeren Worte bleiben. Deutschland setzt gemeinsam mit seinen Partnern auf eine diplomatische Lösung. Die Bundesregierung wird sich dabei, wenn der Iran nicht einlenkt, weiter entschieden für Sanktionen einsetzen.

Die vor wenigen Tagen verabschiedete neue Resolution des UN-Sicherheitsrates hat die Entschlossenheit und die Geschlossenheit der internationalen Gemeinschaft erneut unter

Beweis gestellt. Die internationale Gemeinschaft wird und muss diesen Weg fortsetzen. Ich werde mich auch in der Europäischen Union für eine klare Haltung einsetzen. Für mich ist es wichtig, dass Israel über die Mittelmeerkooperation der Europäischen Union und die europäische Nachbarschaftspolitik eng mit der Europäischen Union verbunden ist. Diese Verbindung können und werden wir weiter intensivieren.

Ich sagte es: Israel und Europa sind durch gemeinsame Werte, Herausforderungen und Interessen verbunden. Deshalb unterstütze ich ausdrücklich die von Israel gewünschte stärkere Annäherung an die Europäische Union. Sie wäre für beide Seiten ein Gewinn. Sie böte eine Vielzahl neuer Chancen.

Frau Präsidentin, in der Geschichte ihres Kontinents haben die Europäer erfahren: Frieden ist auch nach Jahrhunderten gewalttätiger Auseinandersetzungen möglich. Insbesondere wir Deutsche haben durch das Wunder des Mauerfalls und der Wiedervereinigung erlebt: Auch nach Jahrzehnten, wenn schon viele den Gedanken daran verloren haben, können sich tiefgreifende politische Veränderungen ergeben.

Ich könnte heute nicht vor Ihnen stehen und ich könnte heute nicht als Bundeskanzlerin der Bundesrepublik Deutschland, die in der ehemaligen DDR aufgewachsen ist, zu Ihnen sprechen, wenn es nach dem Zweiten Weltkrieg in der damaligen Bundesrepublik nicht Politiker wie Konrad Adenauer, Willy Brandt und Helmut Kohl gegeben hätte. Sie haben an die Kraft der Freiheit, an die Kraft der Demokratie und an die Kraft der Menschenwürde geglaubt. Sie haben es so vermocht, das scheinbar Unmögliche möglich zu machen: die Vollendung der Einheit Deutschlands in Frieden und Freiheit und damit die Versöhnung des europäischen Kontinents.

Aus der Erfahrung, dass das Unmögliche möglich werden kann, können wir die Entschlossenheit und die Zuversicht schöpfen, dass sich auch jede Anstrengung lohnt, die den Nahen Osten einen großen Schritt näher zu einem friedlichen Miteinander bringt. Oder um es mit den bekannten Worten von David Ben Gurion zu sagen: »Wer nicht an Wunder glaubt, der ist kein Realist.« Wenn wir heute, zum 60. Jahrestag der Gründung des Staates Israel, auf die deutsch-israelischen Beziehungen schauen, dann wissen wir: Sein Satz hat sich als ebenso realistisch wie richtig erwiesen.

Ja, es sind besondere, einzigartige Beziehungen – mit immerwährender Verantwortung für die Vergangenheit, mit gemeinsamen Werten, mit gegenseitigem Vertrauen, mit großer Solidarität füreinander und mit vereinter Zuversicht. In diesem Geist feiern wir das heutige Jubiläum. In diesem Geist wird Deutschland Israel nie allein lassen, sondern treuer Partner und Freund sein.

Masal-tov le-chaggigot schischim schanna le-medinnat Issrael. Shalom. (Herzlichen Glückwunsch zu 60 Jahren Staat Israel. Shalom.)

# »Jetzt zählt nur noch der Blick nach vorne«

## Regierungserklärung zum Finanzmarktstabilisierungsgesetz vor dem Deutschen Bundestag

*15. Oktober 2008 in Berlin*

Sehr geehrter Herr Präsident!
Meine sehr verehrten Damen und Herren!

Die Weltwirtschaft erlebt in diesen Wochen ihre schwerste Bewährungsprobe seit den 20er Jahren des letzten Jahrhunderts. Letzte Woche waren Schlüsselmärkte unseres Wirtschaftssystems, die Geldmärkte, praktisch funktionsunfähig. Immer weitere Märkte drohten infiziert zu werden. Der Kurssturz an den weltweiten Aktienmärkten hätte eine verhängnisvolle Spirale in Gang setzen können.

Letzte Woche habe ich an dieser Stelle bereits darauf hingewiesen, dass niemand von uns die weitere Entwicklung absehen kann. Es hat sich dann gezeigt, dass das vor allem dringend notwendige Vertrauen zwischen den Finanzmarktteilnehmern, das die Geschäftsbasis der Finanzmärkte ist, noch weiter erodierte. Kaum ein Institut war noch bereit, einem anderen Geld zu verleihen. Die Folge war, dass selbst solide Banken in Gefahr gerieten, ihre Zahlungsverpflichtungen nicht mehr erfüllen zu können. Das gegenseitige Misstrauen hat die Akteure auf den Finanzmärkten fast vollständig gelähmt, mit unabsehbaren Folgen für Wachstum und Arbeitsplätze.

In dieser Situation musste die internationale Gemeinschaft unverzüglich und entschlossen handeln. Und sie hat gehandelt – entschlossen und, was ganz wichtig war, in weiten Teilen auch zeitgleich: vorneweg mit dem G7-Treffen der Finanzminister in Washington, dann mit dem Gipfel der Euro-Gruppe am letzten Wochenende, schließlich national. Vorgestern haben mehrere Regierungen umfassende und abgestimmte Maßnahmenpakete auf den Weg gebracht. Auch Deutschland hat gehandelt. Wir haben es uns mit den notwendigen Entscheidungen wahrlich nicht leicht gemacht; denn wir alle wissen um die Tragweite dieser Entscheidungen. Aber es war unsere Pflicht, innerhalb kürzester Zeit ein Maßnahmenpaket in bisher nicht dagewesener Größenordnung auf den Weg zu bringen, und das, wie gesagt, binnen weniger Tage.

Es hat sich etwas gezeigt, was selten vorkommt: Der Staat war und ist die einzige Instanz, um das Vertrauen zwischen den Banken wiederherzustellen, und zwar zum Schutz der Bürger und nicht zum Schutz von Bankinteressen.

Wir kommen damit unserer Pflicht nach, Schaden vom deutschen Volk abzuwenden und seinen Nutzen zu mehren. Ich weiß: Noch nie wurde ein so umfangreiches Gesetzesvorhaben mit einem so ehrgeizigen gesetzgeberischen Zeitplan auf den Weg gebracht. Ich bin mir bewusst, dass dies allen Beteiligten sehr viel abverlangt. In diesem Bewusstsein danke ich Ihnen allen: den Mitgliedern der Bundesregierung, insbesondere dem Bundesfinanzminister, den Fraktionen und dem Bundesrat. Ich danke für die Bereitschaft, sich im Interesse unseres Landes auf diesen Zeitplan einzustellen. Wir zeigen damit, dass die Politik ihrer Verantwortung gegenüber den Bürgerinnen und Bürgern unseres Landes gerecht wird.

Ihnen liegt der Entwurf eines Gesetzes zur Umsetzung eines Maßnahmenpakets zur Stabilisierung des Finanzmarktes vor. Sagen wir es den Bürgern in einfacheren Worten: Ihnen liegt der erste Baustein für eine neue Finanzmarktverfassung vor. Damit wollen wir erreichen, dass neues Vertrauen entsteht: Vertrauen zwischen den Banken, Vertrauen in der Wirtschaft, Vertrauen der Bürger. Dazu ist es erforderlich, die Refinanzierung der Finanzinstitute zu sichern sowie die Beschaffung von Kapital und die Veräußerung von Risikopositionen zu ermöglichen. Darüber hinaus wird die Europäische Kommission wahrscheinlich schon heute durch eine Anpassung der Bilanzierungsregeln für gleiche Wettbewerbsbedingungen mit unseren internationalen Partnern sorgen. Wir haben über dieses Thema in den vergangenen Tagen viel gesprochen. Es ist von außerordentlicher Wichtigkeit, dass diese Maßnahmen so getroffen werden, dass die Abschlüsse des dritten Quartals bereits nach den neuen Bilanzierungsrichtlinien erfolgen können. Das ist wichtig für die Wettbewerbsfähigkeit des Finanzplatzes Deutschland.

Unser Gesetzentwurf sieht vor, den Finanzinstituten gegen eine Gebühr Garantien bis zur Höhe von 400 Milliarden Euro zur Verfügung zu stellen. Die Bereitstellung von Garantien des Bundes ist eine vertrauensbildende Maßnahme, die die Finanzierungskreisläufe und damit auch die Kreditvergabe an Unternehmen stabilisieren soll. Letztlich heißt das nichts anderes, als dass der Bund wie eine Versicherung gegen eine Gebühr für bestimmte Zahlungsverpflichtungen der Finanzinstitute eintritt. Damit soll erreicht werden, dass wieder gehandelt werden kann und Refinanzierungen erfolgen können. Der Garantierahmen führt – dies will ich hier noch einmal ausdrücklich sagen – natürlich nicht automatisch zu entsprechenden Ausgaben des Bundes. Für die Absicherung der Risiken dieses Garantierahmens sollen 20 Milliarden Euro, also fünf Prozent der Garantiesumme, vorsorglich als Kreditermächtigung in den Haushalt eingestellt werden.

Der *zweite* Schwerpunkt unseres Maßnahmenpakets betrifft die Beschaffung von Kapital für die Finanzinstitute. Sie sollen die Möglichkeit erhalten, vorübergehend Kapitalhilfen in Anspruch zu nehmen. Diese Hilfen wird es allerdings nur geben, wenn die Banken zu ihrer Verantwortung stehen und sich an bestimmte Regeln halten. Das heißt ganz konkret: Auflagen zur Begrenzung der Managergehälter und der Bonuszahlungen, Auflagen hinsichtlich der geschäftspolitischen Ausrichtung des Instituts, Auflagen hinsichtlich der Kreditvergabe, insbesondere an kleine und mittlere Unternehmen, und natürlich Teilhabe des Bundes an den Erträgen der Finanzinstitute. Das heißt also mit einem Wort: Keine Leistung ohne Gegenleistung.

Als weiteren Punkt sieht der Gesetzentwurf vor, dass der Staat erforderlichenfalls den Finanzunternehmen risikoreiche Vermögenswerte abkaufen kann. Die Erlöse aus einem späteren Verkauf kommen natürlich dem Steuerzahler zugute. Von diesem Instrument wollen wir allerdings möglichst sparsam Gebrauch machen, weil es sicherlich zu den am schwersten durchsetzbaren gehört.

Für den genannten staatlichen Kapitalhilferahmen und für den Ankauf von Problemaktiva sollen insgesamt maximal 80 Milliarden Euro zur Verfügung stehen. Das heißt, einschließlich der genannten 20 Milliarden Euro zur Risikoabsicherung des Garantierahmens kommen wir auf 100 Milliarden Euro als Kreditermächtigung im Haushalt.

Für uns alle sind diese Zahlen unglaubliche Beträge. Deshalb will ich wiederholen: Uns fallen diese Entscheidungen nicht leicht. Wir machen das alles nicht einfach, um einzelnen Finanzinstituten zu helfen. Wir machen das zum Schutz unserer Wirtschaft und zum Schutz der Bürgerinnen und Bürger unseres Landes.

Das Finanzsystem hat eine unabdingbare Scharnierfunktion für das Funktionieren der gesamten Volkswirtschaft und damit für Wachstum und Beschäftigung. Die Bürger und Unternehmen unseres Landes verlassen sich auf ein intaktes Finanzsystem, das den Zugang zu Krediten gewährleistet und es den Bürgern ermöglicht, sicher und mit Gewinn zu sparen. Dem Schutz dieses Systems dient unser Gesetzentwurf. Mehr noch: Er dient der Allgemeinheit, er dient dem Gemeinwohl.

Eine neue Finanzmarktverfassung verdient diesen Namen allerdings erst, wenn über den ersten Schritt der Sofortmaßnahmen hinaus ein zweiter Baustein folgt, und zwar die Veränderung der internationalen Regeln des Finanzmarktes. Wir müssen den internationalen Ordnungsrahmen für die Finanzmärkte neu gestalten, um derartige entfesselte Entwicklungen in der Zukunft zu vermeiden.

Die Bundesregierung und ich ganz persönlich werden sich auf internationaler Ebene weiterhin mit Nachdruck dafür einsetzen, dass nun die Lehren aus den jüngsten Ereignissen gezogen werden. Es hat keinen Sinn, zurückzublicken und über verpasste Chancen zu sprechen; wir alle wissen, dass schon viel zu viel Zeit ungenutzt verstrichen ist. Jetzt zählt nur noch der Blick nach vorne.

Zu diesem *zweiten* Baustein einer neuen Finanzmarktverfassung gehören nach meiner Auffassung eine Stärkung der Rolle des Internationalen Währungsfonds bei der Überwachung der Finanzinstitutionen, eine Verbesserung der Arbeit der Ratingagenturen, mehr Absicherung von Risikoprodukten der Finanzwirtschaft durch Risikounterlegung und mehr Transparenz bei den gehandelten Produkten. All dies werden Themen der nächsten internationalen Konferenzen sein – für Herrn Steinbrück waren es auf den internationalen Konferenzen der Finanzminister bereits Themen –, bis hin zu einem G8-Treffen mit den Schwellenländern auf der Ebene der Staats- und Regierungschefs noch in diesem Jahr.

Zur Vorbereitung dieses Treffens werden der Finanzminister und ich eine Expertengruppe einberufen, die parallel dazu Vorschläge für diesen zweiten Baustein macht, damit wir auch mit Expertenwissen ausgestattet in diese Beratungen gehen. Ich habe Professor Tietmeyer gebeten, diese Expertengruppe zu führen. Er verfügt über erhebliche Erfahrungen, insbesondere bei den Verhandlungen zu Basel II. Wenn Basel II bereits heute weltweit in Kraft wäre beziehungsweise wenn Basel II ein paar Jahre früher in Kraft getreten wäre, dann wären Schattenbilanzen, wie sie zum Beispiel bei der IKB bestanden, nicht möglich gewesen. Wir müssen auf diejenigen zurückgreifen, die hier Erfahrungen haben.

Ich sage ausdrücklich: Ich erwarte von der Kreditwirtschaft, dass sie sich an diesen Arbeiten konstruktiv und vor allen Dingen auch selbstkritisch beteiligt. Das muss von dieser Branche erwartet werden.

Ich wiederhole meine Ankündigung von letzter Woche, dass wir bis Jahresende ebenfalls Änderungen bei der Finanzmarktaufsicht vorlegen wollen, die die Effizienz der Finanzmarktaufsicht, nicht nur in Krisenzeiten, verbessern.

Lassen Sie mich deutlich sagen, dass die Gefahr für die Finanzmarktstabilität noch nicht gebannt ist. Wir müssen aber schnellstmöglich durch die Verabschiedung dieses Gesetzes die Grundlage dafür schaffen, dass sich die Lage auf den Märkten beruhigt. Dies ist entscheidend für Wachstum und Beschäftigung.

Dennoch müssen wir damit rechnen, dass sich das Wachstum in Deutschland abschwächen wird. Ich bin davon überzeugt, dass es nicht zu einem dauerhaften Konjunktureinbruch kommen wird. Aber die Maßnahmen, die wir getroffen haben, sind bitter nötig, wie die Konsolidierung der Staatsfinanzen, die Senkung der Lohnzusatzkosten, die Unternehmensteuerreform, die Rente mit 67. Sie haben die mittelfristigen Wachstumsperspektiven für unser Land gestärkt. Zudem sind deutsche Unternehmen heute aufgrund von Umstrukturierung und Erhöhung ihrer Eigenkapitalquote krisenfester als noch vor einigen Jahren. Das alles zeigt: Deutschland ist stark.

Allerdings wird auch Deutschland durch eine schwierigere Periode gehen.

Ich habe es in diesen Tagen mehrmals gesagt, und ich wiederhole es heute hier noch einmal: Wir haben es mit Exzessen der Märkte zu tun. Aufgabe des Staates in einer Sozialen Marktwirtschaft ist Kontrolle. Der Staat ist Hüter der Ordnung. Wir beschließen umfassende, weitreichende und einschneidende Maßnahmen. Wir greifen hart durch, damit sich das, was wir jetzt erlebt haben, nicht wiederholt. Damit schaffen wir Strukturen für eine menschliche Marktwirtschaft im 21. Jahrhundert.

In diesem Sinne bitte ich Sie um konstruktive Beratungen in den Ausschüssen und um die Zustimmung zu diesem Gesetzentwurf, weil er Deutschland dient.

Was bedeutet Krise für mich?
Sprachliche Analyse
S. 49 – 53

# »Die Stunde des Dankes«

## Vor dem Kongress der Vereinigten Staaten von Amerika

*3. November 2009 in Washington, D.C.*

Meine Damen und Herren,

ich danke Ihnen allen für die große Ehre, heute, kurz vor dem 20. Jahrestag des Falls der Berliner Mauer, zu Ihnen sprechen zu dürfen.

Ich bin der zweite deutsche Kanzler, dem diese Ehre zuteilwird. Konrad Adenauer war der erste, als er im Jahre 1957 nacheinander vor beiden Häusern des Kongresses gesprochen hat.

Unterschiedlicher könnten unsere beiden Lebenswege gar nicht sein. 1957 war ich gerade einmal ein Kleinkind von drei Jahren. Ich lebte mit meinen Eltern in Brandenburg, einer Region, die zur DDR, dem unfreien Teil Deutschlands, gehörte. Mein Vater arbeitete als evangelischer Pfarrer. Meine Mutter, die Englisch und Latein studiert hatte, um Lehrerin zu werden, durfte ihren Beruf in der ehemaligen DDR nicht ausüben.

Konrad Adenauer war 1957 bereits 81 Jahre alt. Er hatte das Kaiserreich in Deutschland erlebt, den Ersten Weltkrieg, die Weimarer Republik, den Zweiten Weltkrieg. Von den Nationalsozialisten wurde er seines Amtes als Oberbürgermeister der Stadt Köln enthoben. Nach dem Krieg gehörte er zu den Männern und Frauen, die die freiheitliche, demokratische Bundesrepublik Deutschland mit aufgebaut haben.

Nichts steht mehr für diese Bundesrepublik Deutschland als ihre Verfassung, ihr Grundgesetz. Es wurde vor genau 60 Jahren verabschiedet. In Artikel eins dieses Grundgesetzes heißt es: »Die Würde des Menschen ist unantastbar.« Dieser kurze, einfache Satz – »Die Würde des Menschen ist unantastbar« – war die Antwort auf die Katastrophe des Zweiten Weltkriegs, auf den Mord an sechs Millionen Juden im Holocaust, auf Hass, Verwüstung und Vernichtung, die Deutschland über Europa und die Welt gebracht hat.

In wenigen Tagen schreiben wir den 9. November. Es war der 9. November 1989, an dem die Berliner Mauer fiel, aber es war auch der 9. November 1938, der sich ebenso in das Gedächtnis der deutschen und europäischen Geschichte eingebrannt hat. An diesem Tag verwüsteten die Nationalsozialisten Synagogen, setzten sie in Brand, ermordeten Unzählige. Es war der Beginn dessen, was später in den Zivilisationsbruch der Shoah mündete. Ich kann heute hier nicht vor Ihnen stehen, ohne der Opfer dieses Tages und der Shoah zu gedenken.

Unter uns ist ein Gast, der am eigenen Leib die Schrecken dieses Deutschlands im Nationalsozialismus erlebt hat und den ich vor einiger Zeit kennen lernen durfte: Professor Fritz Stern. Er wurde 1926 im damals deutschen, heute polnischen Breslau geboren und schaffte es mit seiner Familie, 1938 noch rechtzeitig vor den Nazis in die USA zu fliehen. In seiner 2006 veröffentlichten Autobiographie unter dem Titel »Five Germanies I Have Known« beschreibt Fritz Stern den Moment seiner Ankunft 1938 im Hafen von New York und damit im Hafen der Freiheit und Sicherheit.

Es ist wunderbar, dass die Geschichte es wollte, dass wir – der aus Deutschland verjagte, damals zwölfjährige Junge und ich, die in der DDR aufgewachsene Bundeskanzlerin des heute wieder vereinten Deutschlands – heute gemeinsam in diesem Hohen Haus sein können. Das erfüllt mich mit großer Freude und großer Dankbarkeit.

Das hätte ich mir vor 20 Jahren, bevor die Mauer fiel, in meinen kühnsten Träumen nicht ausmalen können. Denn damals war es außerhalb meiner Vorstellungskraft, überhaupt in die Vereinigten Staaten von Amerika reisen zu dürfen, geschweige denn eines Tages hier zu stehen.

Das Land der unbegrenzten Möglichkeiten – es war für mich lange Jahre meines Lebens das Land der unerreichbaren Möglichkeiten. Mauer, Stacheldraht, Schießbefehl – sie begrenzten meinen Zugang zur freien Welt. So musste ich mir aus Filmen und Büchern, die teilweise meine Verwandten aus dem Westen schmuggelten, ein Bild von den Vereinigten Staaten von Amerika machen.

Was habe ich gesehen und gelesen? Wofür habe ich mich begeistert?

Ich habe mich begeistert für den American Dream – die Möglichkeit für jeden, Erfolg zu haben, durch eigene Anstrengungen es zu etwas zu bringen.

Ich habe mich, wie viele andere Teenager auch, begeistert für Jeans einer bestimmten Marke, die es in der DDR nicht gab und die mir meine Tante aus dem Westen regelmäßig geschickt hat.

Ich habe mich begeistert für die Weite der amerikanischen Landschaften, die den Geist der Freiheit und Unabhängigkeit atmen. Gleich 1990 sind mein Mann und ich das erste Mal in unserem Leben nach Amerika geflogen, nach Kalifornien. Niemals werden wir den ersten Blick auf den Pazifischen Ozean vergessen. Er war einfach grandios.

Das alles, obwohl Amerika für mich bis 1989 schier unerreichbar war. Dann, am 9. November 1989, fiel die Berliner Mauer. Die Grenze, die ein Volk für Jahrzehnte in zwei Welten teilte, war jetzt offen.

Deshalb ist heute für mich zuerst einmal die Stunde des Dankes.

Ich danke den amerikanischen und alliierten Piloten, die

1948 den Verzweiflungsruf des Berliner Bürgermeisters Ernst Reuter erhörten, als er sagte: »Ihr Völker der Welt, … schaut auf diese Stadt …« Monatelang flogen diese Piloten Lebensmittel über eine Luftbrücke und retteten so Berlin vor dem Verhungern. Viele dieser Soldaten riskierten dabei ihr Leben. Dutzende verloren es. Wir werden ihnen immer ein ehrendes Andenken bewahren.

Ich danke den 16 Millionen in Deutschland über die Jahrzehnte stationierten Amerikanern, ohne deren Beistand als Soldaten, als Diplomaten und als Helfer die Überwindung der Teilung Europas unmöglich gewesen wäre. Wir freuen uns auch heute und in Zukunft über amerikanische Soldaten in Deutschland. Sie sind Botschafter Ihres Landes in unserem Land, genauso wie viele Amerikaner mit deutschen Wurzeln auch heute noch Botschafter meines Landes bei Ihnen sind.

Ich denke an John F. Kennedy, dem nach dem Bau der Berliner Mauer bei seinem Besuch 1963 die Herzen der Menschen zuflogen, als er den verzweifelten Berlinern zurief: »Ich bin ein Berliner.«

Ronald Reagan erkannte weit vor anderen die Zeichen der Zeit, als er vor dem Brandenburger Tor bereits 1987 rief: »Mr. Gorbatschow, open this gate … Mr. Gorbatschow, tear down this wall!« Dieser Appell wird für immer unvergessen bleiben.

Ich danke George Bush senior, dass er Deutschland und dem damaligen Bundeskanzler Helmut Kohl vertraute und uns Deutschen bereits im Mai 1989 etwas Unschätzbares anbot: »Partnership in Leadership.« Welch ein Angebot, 40 Jahre nach dem Ende des Zweiten Weltkrieges. Erst am vergangenen Samstag haben wir uns in Berlin gesehen, übrigens zusammen mit Michail Gorbatschow. Auch ihm gebührt unser Dank.

Lassen Sie es mich in einem Satz sagen: Ich weiß, wir Deutschen wissen, wieviel wir Ihnen, unseren amerikanischen Freunden verdanken. Niemals werden wir, niemals werde ich Ihnen ganz persönlich das vergessen.

Überall in Europa setzte der gemeinsame Wille zur Freiheit unglaubliche Kräfte frei: In der Gewerkschaft Solidarność in Polen, bei den Reformern um Václav Havel in der Tschechoslowakei, bei der ersten Öffnung des Eisernen Vorhangs in Ungarn und bei den Demonstrationen jeden Montag in der ehemaligen DDR. Da, wo früher eine dunkle Wand war, öffnete sich plötzlich eine Tür. Wir alle gingen hindurch – auf die Straßen, in die Kirchen, über die Grenzen. Jeder bekam die Chance, etwas Neues aufzubauen, mitzugestalten und den Aufbruch zu wagen.

Auch ich bin aufgebrochen. Ich habe meine Arbeit als Physikerin in der Akademie der Wissenschaften in Ost-Berlin hinter mir gelassen und bin in die Politik gegangen. Weil ich endlich gestalten konnte. Weil ich den Eindruck hatte: Jetzt sind die Dinge veränderbar, jetzt kannst du etwas tun.

20 Jahre sind seit diesem überwältigenden Geschenk der Freiheit vergangen. Aber noch immer gibt es nichts, das mich mehr begeistert, nichts, das mich mehr anspornt, nichts, das mich stärker mit positiven Gefühlen erfüllt als die Kraft der Freiheit.

Wer einmal in seinem Leben so positiv überrascht wurde, der hält vieles für möglich. Oder, um es mit den Worten Bill Clintons 1994 in Berlin zu sagen: »Nichts wird uns aufhalten. Alles ist möglich.«

Ja, alles ist möglich – dass eine Frau wie ich heute hier bei Ihnen sein kann, dass ein Mann wie Arnold Vaatz, der zu DDR-Zeiten Bürgerrechtler in Dresden war und deshalb zeitweise im Gefängnis saß, heute als Mitglied des Deutschen Bundestages mit in meiner Delegation hier anwesend sein kann.

Alles ist möglich, auch in unserem Jahrhundert, im 21. Jahrhundert, im Zeitalter der Globalisierung. Wir wissen bei mir zu Hause in Deutschland genauso wie bei Ihnen in Amerika, dass die Globalisierung vielen Menschen Angst macht. Darüber gehen wir nicht einfach hinweg. Wir sehen die Schwierigkeiten. Und doch ist es unsere Aufgabe, die Menschen zu überzeugen, dass die Globalisierung eine große weltweite Chance ist, für jeden Kontinent, denn sie zwingt jeden, gemeinsam mit anderen zu handeln.

Die Alternative zur Globalisierung wäre die Abschottung, doch das wäre keine Alternative. Sie führte nur ins Elend, weil sie in die Isolation führt. Das Denken in Bündnissen, das Denken in Partnerschaften dagegen – das führt in eine gute Zukunft.

Amerika und Europa sind wahrlich nicht immer einer Meinung. Die einen halten die anderen manchmal für zu zögerlich und ängstlich oder, umgekehrt, für zu eigensinnig und drängend. Dennoch bin ich zutiefst davon überzeugt: Einen besseren Partner als Amerika gibt es für Europa nicht, einen besseren Partner als Europa gibt es für Amerika nicht.

Denn das, was Europäer und Amerikaner zusammenführt und zusammenhält, ist nicht nur eine gemeinsame Geschichte. Das, was Europäer und Amerikaner zusammenführt und zusammenhält, sind nicht nur gemeinsame Interessen und gemeinsame Herausforderungen, wie es sie zwischen allen Regionen der Welt gibt. Das allein würde nicht reichen, um die besondere Partnerschaft Europas und Amerikas zu begründen und dauerhaft zu tragen. Es ist mehr.

Das, was Europäer und Amerikaner zusammenführt und zusammenhält, ist die gemeinsame Wertebasis. Es ist ein gemeinsames Bild vom Menschen und seiner unveräußerlichen Würde. Es ist ein gemeinsames Verständnis von Freiheit in Verantwortung. Dafür treten wir in der einzigartigen transatlantischen Partnerschaft und in der Wertegemeinschaft der NATO ein. So wird »Partnership in Leadership« mit Leben erfüllt. Diese Wertebasis war es, die den Kalten Krieg beendet hat. Diese Wertebasis ist es, mit der wir nun die Bewährungsproben unserer Zeit bestehen können und bestehen müssen.

Deutschland ist vereint, Europa ist vereint. Das haben wir geschafft. Heute nun muss unsere politische Generation zeigen, dass sie die Herausforderungen des 21. Jahrhunderts meistert, dass sie gleichsam im übertragenen Sinne Mauern von heute einreißen kann.

Was heißt das?

*Erstens* Frieden und Sicherheit schaffen,

*zweitens* Wohlstand und Gerechtigkeit erreichen und

*drittens* unseren Planeten schützen.

Wieder sind dabei Amerika und Europa in ganz besonderer Weise gefordert.

Auch nach dem Ende des Kalten Krieges geht es also darum, Mauern zwischen Lebensauffassungen, gleichsam Mauern in den Köpfen einzureißen, die uns immer wieder daran hindern oder es erschweren, uns auf der Welt zu verstehen. Dafür ist die Fähigkeit zur Toleranz so wichtig. Für uns ist unsere Art zu leben die beste aller möglichen. Aber dennoch ist sie nicht die Art aller. Es gibt verschiedene Lösungen für ein gutes Miteinander. Toleranz ist Ausdruck des Respekts vor der Geschichte, der Tradition, der Religion und der Identität anderer.

Doch niemand sollte sich täuschen: Toleranz bedeutet nicht Beliebigkeit. Null Toleranz muss es für die geben, die die unveräußerlichen Rechte des Menschen missachten und sie mit Füßen treten. Null Toleranz muss es auch geben, wenn Massenvernichtungswaffen zum Beispiel in den Händen des Iran unsere Sicherheit bedrohen könnten. Der Iran muss das wissen. Der Iran kennt unser Angebot. Doch der Iran kennt auch die Grenze: Eine Atombombe in der Hand des iranischen Präsidenten, der den Holocaust leugnet, Israel droht und das Existenzrecht abspricht, darf es nicht geben.

Die Sicherheit Israels ist für mich niemals verhandelbar. Im Übrigen wird nicht nur Israel bedroht, sondern die ganze freie Welt. Wer Israel bedroht, bedroht auch uns. Deshalb tritt die freie Welt dieser Bedrohung entgegen, notfalls mit harten wirtschaftlichen Sanktionen. Deshalb werden wir in Deutschland mit aller Kraft den Nahost-Friedensprozess mit dem Ziel unterstützen, eine Zwei-Staaten-Lösung zu schaffen: einen jüdischen Staat Israel und einen palästinensischen Staat.

Wir treten auch der Bedrohung des internationalen Terrorismus entgegen. Dabei wissen wir, dass kein Land – und sei es noch so stark – das allein schaffen kann. Wir alle brauchen Partner. Erst in der Gemeinschaft mit Partnern sind wir stark.

Weil wir nach den Anschlägen des 11. September mit dem damaligen Präsidenten George W. Bush die Überzeugung geteilt haben, dass von Afghanistan aus nie wieder die Sicherheit der Welt bedroht werden darf, steht Deutschland dort seit 2002 mit dem drittgrößten Truppenkontingent. Wir wollen das Konzept der so genannten vernetzten Sicherheit zum Erfolg führen. Das besagt: Ziviles und militärisches Engagement sind untrennbar miteinander verbunden.

Ohne Zweifel: Der Einsatz der Staatengemeinschaft in Afghanistan ist hart. Er fordert uns viel ab. Er muss in die nächste Phase geführt werden, sobald die neue afghanische Regierung im Amt ist. Ziel muss die Entwicklung einer Übergabestrategie in Verantwortung sein. Dies wollen wir Anfang des nächsten Jahres auf einer gemeinsamen UN-Konferenz entwickeln. Erfolgreich werden wir sein, wenn wir wie bisher jeden weiteren Schritt im Bündnis gemeinsam gehen. Deutschland stellt sich dieser Verantwortung.

Es steht außer Zweifel: Die NATO ist und bleibt der wesentliche Eckpfeiler unserer gemeinsamen Sicherheit. Ihr Sicherheitskonzept wird stetig weiterentwickelt und den neuen Herausforderungen angepasst. Ihr Fundament und ihr Kompass für Frieden und Freiheit aber bleiben unverändert.

Wir Europäer – davon bin ich überzeugt – können dazu in Zukunft noch mehr beitragen. Denn wir Europäer sind in diesen Wochen im Begriff, unsere Europäische Union mit einer neuen vertraglichen Grundlage auszustatten. Die letzte Unterschrift ist gerade darunter gesetzt worden. Die Europäische Union wird damit stärker und handlungsfähiger und damit für die Vereinigten Staaten ein starker und zuverlässiger Partner.

Auf dieser Grundlage können wir stabile Partnerschaften mit anderen aufbauen, allen voran mit Russland, China und Indien. Denn wir leben heute in einer freieren und vernetzteren Welt als jemals zuvor. Der Fall der Berliner Mauer, die technologische Revolution bei Information und Kommunikation, der Aufstieg Chinas, Indiens und anderer Länder zu dynamischen Volkswirtschaften – all das hat die Welt im 21. Jahrhundert zu einer anderen gemacht, als sie es im 20. Jahrhundert war. Das ist gut, denn Freiheit ist das Lebensgesetz unserer Wirtschaft und unserer Gesellschaft. Nur in Freiheit kann der Mensch schöpferisch sein. Allerdings ist auch deutlich geworden: Diese Freiheit steht nicht allein. Es ist eine Freiheit in und zur Verantwortung. Dazu bedarf es einer Ordnung. Der Beinahe-Zusammenbruch der internationalen Finanzmärkte hat gezeigt, was passiert, wenn es diese Ordnung nicht gibt.

Wenn die Welt die Lektion aus der Finanzkrise des letzten Jahres gelernt hat, dann führt kein Weg an der Erkenntnis vorbei, dass eine globalisierte Wirtschaft einen globalen Ordnungsrahmen braucht. Ohne eine weltweite Bindung durch Transparenz und Kontrolle kommt es nicht zu einem Gewinn an Freiheit, sondern vielmehr zu einem Missbrauch von Freiheit und damit zu Instabilität. Das ist dann gleichsam eine zweite Mauer, die fallen muss – eine Mauer, die vor einer wirklich globalen Wirtschaftsordnung steht, eine Mauer regionalen und ausschließlich nationalen Denkens.

Der Schlüssel in der Zusammenarbeit der wichtigsten Industrie- und Schwellenländer liegt in der Gruppe der G20. Auch hier ist die Zusammenarbeit Amerikas und Europas ein entscheidender Eckpfeiler. Es ist eine Zusammenarbeit, die nicht ausschließt, sondern andere mit einschließt.

Die G20 hat gezeigt, dass sie handlungsfähig ist. Wir müssen uns dem Druck derer entgegenstellen, die die Staaten dieser Welt fast an den Abgrund geführt haben. Das heißt nichts anderes, als dass die internationale Wirtschaftspolitik nachhaltiger werden muss, denn die Krise war auch Ausdruck zu kurzfristigen Denkens. Millionen von Menschen weltweit sind dadurch vom Verlust ihres Arbeitsplatzes und von Armut und Hunger bedroht. Um Wohlstand und Gerechtigkeit zu erreichen, müssen wir alles tun, dass sich eine solche Krise niemals wiederholt.

Das bedeutet auch, nicht der Versuchung des Protektionismus zu erliegen. Deshalb sind auch die Doha-Verhandlungen im Rahmen der Welthandelsorganisation so wichtig. Ein Erfolg der Doha-Runde wäre gerade in der aktuellen Krise ein wertvolles Signal für die Offenheit der Weltwirtschaft.

Ebenso kann der Transatlantische Wirtschaftsrat eine wichtige Aufgabe erfüllen. Wir können damit Subventionswettläufe verhindern und Anstöße zum Abbau von Handelshemmnissen zwischen Europa und Amerika geben. Ich bitte Sie: Lassen Sie uns gemeinsam für eine Weltwirtschaftsordnung eintreten, die im Interesse Europas und Amerikas ist.

Dass globale Herausforderungen nur in umfassender internationaler Zusammenarbeit bewältigt werden können, zeigt sich auch an einer dritten Bewährungsprobe des 21. Jahrhunderts, an so etwas wie einer Mauer zwischen Gegenwart und Zukunft. Diese Mauer versperrt den Blick auf die Bedürfnisse kommender Generationen. Sie verhindert den dringend notwendigen Schutz unserer natürlichen Lebensgrundlagen und unseres Klimas.

Wohin dieser Verbrauch unserer Zukunft führt, können wir schon jetzt sehen: In der Arktis schmelzen Eisberge, in Afrika werden Menschen zu Flüchtlingen, weil ihre Umwelt zerstört wird, weltweit steigt der Meeresspiegel. Ich freue mich, dass Präsident Obama und Sie in Ihrer Arbeit dem Schutz unseres Klimas eine hohe Bedeutung beimessen. Wir alle wissen: Wir haben keine Zeit zu verlieren. Wir brauchen eine Einigung auf der Klimakonferenz im Dezember in Kopenhagen. Wir brauchen eine Einigung auf ein Ziel: Die globale Erwärmung darf zwei Grad Celsius nicht überschreiten.

Dafür brauchen wir die Bereitschaft aller Länder, international verbindliche Verpflichtungen zu übernehmen. Wir können es uns nicht leisten, beim Klimaschutz von den wissenschaftlich gebotenen Zielen abzuweichen. Das wäre nicht nur ökologisch unverantwortlich. Es wäre auch technologisch kurzsichtig. Denn die Entwicklung neuer Technologien im Energiebereich bietet große Chancen auf Wachstum und zukünftige Arbeitsplätze.

Es besteht kein Zweifel: Die Welt schaut im Dezember auf uns, auf Europa und Amerika. Es ist wahr: Ohne Verpflichtungen Chinas und Indiens wird es nicht gehen. Aber ich bin davon überzeugt: Wenn wir in Europa und Amerika zu verbindlichen Verpflichtungen bereit sind, werden wir auch China und Indien davon überzeugen. Dann können wir in Kopenhagen die bestehende Mauer zwischen Gegenwart und Zukunft überwinden – im Interesse unserer Kinder und Enkel und im Interesse einer nachhaltigen Entwicklung weltweit.

Ich bin überzeugt: So wie wir im 20. Jahrhundert die Kraft hatten, eine Mauer aus Stacheldraht und Beton zu Fall zu bringen, so haben wir auch heute die Kraft, Mauern des 21. Jahrhunderts zu überwinden – Mauern in unseren Köpfen, Mauern eines kurzsichtigen Eigeninteresses, Mauern zwischen Gegenwart und Zukunft.

Meine Zuversicht speist sich aus einem ganz besonderen Klang – dem Klang der Freiheitsglocke im Schöneberger Rathaus von Berlin. Dort hängt seit 1950 ein Nachguss der amerikanischen Freiheitsglocke. Gespendet von amerikanischen

Bürgern ist sie ein Zeichen des Freiheitsversprechens, das sich erfüllt hat. Am 3. Oktober 1990 läutete die Freiheitsglocke die Wiedervereinigung Deutschlands ein – im Augenblick der größten Freude des deutschen Volkes. Am 13. September 2001 läutete sie noch einmal, und zwar zwei Tage nach dem 11. September – im Augenblick der größten Trauer des amerikanischen Volkes.

The Freedom Bell in Berlin is, like the Liberty Bell in Philadelphia, a symbol which reminds us that freedom does not come about of itself. It must be struggled for and then defended anew every day of our lives. In this endeavour Germany and Europe will also in future remain strong and dependable partners for America. That I promise you. Thank you very much.

# »Das Geheimnis der Freiheit ist der Mut«

## Zur Verleihung des Medienpreises »M 100 Sanssouci Colloquium«

*8. September 2010 in Potsdam*

Meine Damen und Herren,

am 9. November 1989 referierte das Mitglied des Politbüros des Zentralkomitees der SED, Günter Schabowski, in einer Pressekonferenz über die Ergebnisse der Sitzung des Zentralkomitees. Anschließend stellte ein Journalist der italienischen Nachrichtenagentur Ansa eine Frage nach dem neuen Reisegesetz. Schabowski antwortete ausführlich und endete mit dem Satz: »Deshalb haben wir uns dazu entschlossen, heute eine Regelung zu treffen, die es jedem Bürger der DDR möglich macht, über Grenzübergangspunkte der DDR auszureisen.« Ein westdeutscher Reporter hakte nach und fragte, ab wann das neue Gesetz gelte. Es folgte ein Halbsatz – ich zitiere wieder Schabowski: »Das trifft nach meiner Kenntnis… ist das sofort, unverzüglich.« Die Folgen sind bekannt: Zehntausende strömten zu den Berliner Grenzübergängen. Kurz vor Mitternacht wurden sie geöffnet. Die Mauer war gefallen – eben unverzüglich.

Später jedoch stellte sich heraus, dass die Antwort Schabowskis ein Versehen war. Er hätte so noch gar nicht sprechen dürfen. Es sollte nicht unverzüglich sein, sondern erst am nächsten Tag in Kraft treten. Die Entscheidung hatte also gleichsam eine Sperrfrist. Das hatte Schabowski übersehen – ein Versehen, das die Welt veränderte.

Die Wirkung der präzisen Frage zum richtigen Zeitpunkt, die Freiheit, sie stellen zu können, und vor allem die Freiheit, über die Antwort zu berichten, und zwar ungekürzt, unverändert, unverzüglich – welch hohes Gut. Niemals dürfen wir dieses hohe Gut als selbstverständlich ansehen – auch bei Themen nicht, die nicht sofort die Welt verändern, sondern Fragen des Alltags berühren.

Umso wichtiger, dass sich Ihre Konferenz in diesem Jahr mit dem Thema »Pressefreiheit in Europa« beschäftigt. Keine Angst – meine Rede wird keine Sonntagsrede. Ich glaube, das wäre Zeitverschwendung und auch nicht angemessen, noch dazu in Anwesenheit des heutigen Preisträgers Kurt Westergaard, der für das Zeichnen und Veröffentlichen von Karikaturen seit 2005 um sein Leben bangen muss. Das Gegenteil soll also der Fall sein. Reden wir also Klartext.

Noch eine Sperrfrist – eine, die mit zu einer Diskussion gehört, die die letzten zwei Wochen bestimmt hat: Der »Spiegel« und die »BILD«-Zeitung veröffentlichten als Vorabdrucke zeitgleich Ausschnitte aus dem Buch »Deutschland schafft sich ab«. Für Rezensionen durch Journalisten, die das Buch vor dem offiziellen Erscheinungstermin erhielten, habe, so heißt es, eine Sperrfrist von mehreren Tagen nach Erscheinen der Vorabauszüge in »Spiegel« und »BILD« gegolten. Die vorab gedruckten Buchauszüge jedenfalls lösten eine große öffentliche Diskussion aus.

In den Tagen nach den auszugsweisen Vorabdrucken schießt das Buch auf Platz 1 der Bestsellerlisten. Ungezählte Talkshows beschäftigen sich mit seinen Analysen und Thesen. Aussagen, zum Beispiel von mir, münden in eine Debatte, eine breite Debatte um Artikel 5 unseres Grundgesetzes. Er lautet: »Jeder hat das Recht, seine Meinung in Wort, Schrift und Bild frei zu äußern und zu verbreiten und sich aus allgemein zugänglichen Quellen ungehindert zu unterrichten. Die Pressefreiheit und die Freiheit der Berichterstattung durch Rundfunk und Film werden gewährleistet. Eine Zensur findet nicht statt.«

Diese Rechte finden ihre Schranken in den Vorschriften der allgemeinen Gesetze, den gesetzlichen Bestimmungen zum Schutze der Jugend und in dem Recht der persönlichen Ehre. Kunst und Wissenschaft, Forschung und Lehre sind frei. Die Freiheit der Lehre entbindet nicht von der Treue zur Verfassung.« – So weit Artikel 5.

Er ist es wert, gerade bei einer solchen Tagung zum Thema »Freiheit und Pressefreiheit« in Gänze vorgetragen zu werden. Er ist das auch wert, weil er neben Artikel 1 zur Unantastbarkeit der Würde des Menschen, Artikel 2 zur freien Entfaltung der Persönlichkeit, Artikel 3 zur Gleichheit aller Menschen vor dem Gesetz und Artikel 4 zur Freiheit des Glaubens für mich zu den größten Schätzen unserer Gesellschaft gehört.

Die »BILD«-Zeitung machte letzten Samstag unter Bezug auf diese Debatte auf Seite 1 mit den Schlagzeilen auf: »BILD kämpft für Meinungsfreiheit. Das wird man ja wohl noch sagen dürfen«. Nebenbei: Wenn ich mir hier gerade »BILD« rauspicke, dann *erstens* nur stellvertretend für viele andere Medien mit ähnlicher oder gleicher Stoßrichtung, und *zweitens*, weil ich davon überzeugt bin, dass »BILD« das aushalten kann.

Also weiter – auf Seite 2 schrieb »BILD« am Samstag dann: »Neun unbequeme Meinungen und die Fakten. Diese Sätze muss man sagen dürfen, weil….« Es geht um Sätze wie diese: »Ich will mich nicht dafür entschuldigen müssen, Deutscher zu sein; wer arbeitet, darf nicht der Dumme sein; auf den Schulhöfen muss Deutsch gesprochen werden; Kinderschänder gehören für immer weggesperrt.« Dem aufmerksamen Leser wird aufgefallen sein, dass Sätze zu biologistischen oder vererbungstheoretischen Fragen in dem Artikel zur Verteidigung der Meinungsfreiheit nicht auftauchten. Aber das sei nur am Rande bemerkt.

Ich weiß, Zeitungen drucken solche Seiten nicht aus dem hohlen Bauch heraus. Ich weiß, dass diese Seiten zu einem großen Teil das widerspiegeln, was die Redaktionen in großer Zahl an Zuschriften erreicht – wie gesagt, wahrlich nicht nur eine Zeitung, die »BILD«-Zeitung. In allen Medien ging es schnell um die Frage, was man in Deutschland sagen darf und was nicht. Das Thema Sarrazin* ist aber gerade kein Thema der Gefährdung der Meinungsfreiheit, sondern es geht darum, ob und gegebenenfalls welche Folgen zum Beispiel ein Buch für einen Autor in einer besonders wichtigen öffentlich-rechtlichen Institution haben kann oder nicht.

Es versteht sich von selbst, dass ich zu den rechtlichen Fragen dieses konkreten Falls hier keine Stellung nehme, und das ist auch für unser Thema gar nicht nötig. Denn wir können das aus eigenem Erleben diskutieren, auch zum Beispiel aus dem Bereich der Medien. So werden in der Unternehmenssatzung eines großen deutschen Verlags fünf gesellschaftspolitische Unternehmensgrundsätze genannt, unter anderem zur Förderung der europäischen Einigung, zur Sicherung des Existenzrechts Israels und zur Verteidigung der Sozialen Marktwirtschaft, um drei von ihnen zu nennen. Ein Problem mit der Meinungsfreiheit? Natürlich nicht, vermute ich.

Der heutige Tag kann uns für unser Thema »Pressefreiheit in Europa« – da bin ich mir sicher – Orientierung geben. Bei dem Mann, den Sie heute auszeichnen, dem dänischen Zeichner und Karikaturisten Kurt Westergaard**, geht es um die Meinungs- und Pressefreiheit. Bei ihm geht es darum, ob er in einer westlichen Gesellschaft mit ihren Werten seine Moham-

* Thilo Sarrazin, *Deutschland schafft sich ab*, Deutsche Verlags-Anstalt, München 2010.

** Der dänische Zeichner und Karikaturist Kurt Westergaard (geb. 1935), wurde 2005 bekannt durch umstrittene Mohammed-Karikaturen.

med-Karikaturen in einer Zeitung veröffentlichen darf, ja oder nein; egal, ob wir seine Karikaturen geschmackvoll finden oder nicht, ob wir sie für nötig und hilfreich halten oder eben nicht. Darf er das? Ja, er darf. Er ist ein Zeichner, wie es in Europa viele gibt. Europa ist ein Ort, in dem ein Zeichner so etwas zeichnen darf. Das ist im Übrigen kein Widerspruch dazu, dass Europa auch ein Ort ist, in dem die Freiheit des Glaubens und der Religion sowie der Respekt vor Glaube und Religion ein hohes Gut sind. Wenn ein fundamentalistischer evangelikaler Pastor in Amerika am 11. September den Koran verbrennen will, so finde ich das deshalb – kurz gesagt – schlicht respektlos, sogar abstoßend und einfach falsch.

In der Diskussion um die Veröffentlichung der so genannten Mohammed-Karikaturen geht es also genau darum, ob wir in Europa mit unseren Werten – Sie haben die von mir genannten ersten fünf Artikel unseres Grundgesetzes sicher noch im Ohr – aus Angst vor Gewalt und Massendemonstrationen davon absehen, die Zeichnungen dieses Karikaturisten zu veröffentlichen oder nicht, ob sie auch in anderen Zeitungen nachgedruckt werden oder nicht und, wenn nein, warum nicht.

Denen, die das seinerzeit aus welchen Gründen auch immer nicht gemacht haben, werfe ich nichts vor. Jeden Tag stehen Sie bei Ihrer Berichterstattung vor Abwägungsfragen; sie gehören zur Verantwortung der Medien in Ausübung ihrer Pressefreiheit ganz selbstverständlich dazu. Ich kenne solche Abwägungsfragen auch selbst: Soll die deutsche Bundeskanzlerin die Hauptrede anlässlich dieser Veranstaltung halten? Soll sie den Dalai Lama empfangen? Soll sie Briefe, die sie zum Beispiel von »Reporter ohne Grenzen« bekommt, ernst nehmen und den neuen ukrainischen Präsidenten bei seinem ersten Besuch in Berlin auf die Einschränkungen der Pressefreiheit in seinem Land ansprechen oder damit besser bis zur zweiten Begegnung warten?

Wie also verhält es sich mit den Werten und den Interessen, den politischen wie wirtschaftlichen, die für unser Land wichtig sind – für Sie wie für mich? Ich habe für mich die genannten drei Fragen drei Mal mit Ja beantwortet, und zwar aus einem einzigen Grund, der mich seit Beginn meiner politischen Arbeit leitet: Deutsche Politik vertritt ihre Interessen wertegebunden – nach innen wie nach außen. Werte und Interessen gehören zusammen. Wer einen Gegensatz aufmacht, hat sich bereits aufs Glatteis führen lassen.

Also: Es sind Abwägungsprozesse. Aber die Arbeit eines Zeichners und die Folgen, die sie für ihn und seine Familie bis heute hat, sie sollten uns mahnen, stets sorgsam mit unseren Einordnungen umzugehen, wie hoch die Zahl von Zuschriften und die Heftigkeit einer Diskussion zu welchem Thema auch immer sein mögen. Das kann nicht das alleinige Entscheidungskriterium sein.

Ja, geben wir den Menschen eine Stimme – in politischen Parteien genauso wie in den Medien. Aber überzeugen wir sie gleichzeitig, dass es in unserem Land am wenigsten darum geht, was gesagt werden darf. Richtige Entscheidungen, Taten statt Worte – das hingegen führt zum Kern dessen, was notwendig ist, zum Beispiel damit Integration gelingt und nicht scheitert, damit Parallelgesellschaften verhindert und nicht auch noch gefördert werden, damit jugendliche Gewalt eingedämmt und nicht hingenommen wird, damit der Sozialstaat denen hilft, die ihn brauchen, und nicht denen, die ihn missbrauchen, und vieles mehr.

Hier hat die Politik in der Vergangenheit Versäumnisse zu verantworten, da hat sie in den letzten Jahren zum Teil bereits richtige Konsequenzen gezogen und dort müssen in der Zukunft weitere folgen – wahrscheinlich wie so oft in der Demokratie eher mühsam und mit Sicherheit häufig als Kompromiss, der dann ein guter ist, wenn seine Vorteile die Nachteile überwiegen –, und zwar stets nach dem schon benannten

Grundsatz: Deutsche Politik vertritt ihre Interessen wertegebunden, nach innen wie nach außen.

*Erstens:* Freiheit ist nicht bindungslos. Das gilt für unser persönliches Leben, das gilt in der Politik, das gilt für die Verantwortung der Medien, das gilt für uns alle. Freiheit ist stets und für alle mit Verantwortung verbunden. Freiheit steht nie nur für sich. Sie ist eine Medaille mit zwei Seiten: Auf der einen Seite steht die Freiheit von etwas, auf der anderen Seite die Freiheit zu etwas. Wenn wir also von Freiheit sprechen, dann sprechen wir tatsächlich immer auch von der Freiheit des anderen. Was uns in Deutschland wie Europa auszeichnet, das ist der Umgang mit unserer Vielfalt, unserer Freiheit und der Freiheit der anderen. Wir Deutsche und Europäer haben in unserer Geschichte gelernt, aus der Vielfalt das meiste zu machen. Die Eigenschaft, die uns dazu befähigt, ist die Toleranz.

*Zweitens:* Die Toleranz ist eine anspruchsvolle Tugend. Sie braucht das Herz und den Verstand. Aber sie ist nicht mit Standpunktlosigkeit und Beliebigkeit zu verwechseln. Sie hat niemals das geringste Verständnis für Intoleranz, für Gewalt von Links- und Rechtsextremismus oder für Gewalt im Namen einer Religion. Die Toleranz ist ihr eigener Totengräber, wenn sie sich nicht vor Intoleranz schützt. Religionsfreiheit meint eben nicht, dass im Zweifelsfall die Scharia über dem Grundgesetz steht. Toleranz meint nicht Wegsehen oder das Messen mit zweierlei Maß. Und Respekt bedeutet nicht Unterwerfung.

*Drittens:* Freiheit in Verantwortung – das gilt auch für die Wirtschaft. Eine auf Freiheit beruhende Soziale Marktwirtschaft bietet die Spielräume, damit Menschen verantwortlich handeln können. Die Lektion, die uns die Finanz- und Wirtschaftskrise schmerzhaft erteilt hat, muss überall ankommen. Seit Ludwig Erhard gilt, dass der Staat der Hüter der Ordnung unserer Sozialen Marktwirtschaft ist.

*Viertens:* »Das Geheimnis der Freiheit ist der Mut.« Dieser

Satz von Perikles ist heute noch genauso aktuell wie im fünften Jahrhundert vor Christus. Freiheit zu leben, erfordert Mut, und zwar jeden Tag aufs Neue, im Kleinen wie im Großen – wenn ein Jugendlicher nicht mehr mitmacht beim Mobbing eines Klassenkameraden und den Ausschluss aus der Gruppe riskiert, wenn ein Manager nicht mehr mitmacht bei unlauteren Unternehmenspraktiken und dafür seine Karriere riskiert, wenn man in einer Diktatur versucht, jeden Tag in den Spiegel schauen zu können; Joachim Gauck und ich wissen, wovon ich rede. Oder sagen wir es mit den Worten Wolf Biermanns, der einmal die so genannten aufmüpfigen Angsthasen in Schutz genommen hat. Das sind für Biermann diejenigen, die in der DDR die Fenster geschlossen und die Vorhänge zugezogen haben, bevor sie sich die Platte eines vom Staat verpönten Musikers angehört hätten. So einer leiste auch schon Widerstand, so Biermann, und sei es nur der Widerstand gegen seine eigene Verzagtheit. – Ja, so ist es: Mut fängt mit der Überwindung der eigenen Verzagtheit an. Das hat jeder von uns mit Sicherheit schon erlebt, auch ohne in der DDR gelebt zu haben.

*Fünftens:* Die Freiheit wird durch die schier unbegrenzten Möglichkeiten der digitalen Revolution geradezu herausgefordert. Auch ich bin fasziniert von den Möglichkeiten des World Wide Web. Trotzdem werden Sie keine Fotos von meiner letzten Geburtstagsfeier im Internet finden – zumindest keine, die ich selbst eingestellt hätte. Im Ernst: Es macht mir Sorgen, wie leichtfertig Menschen ihre Privatsphäre, den Hort individueller Freiheit, aufgeben und im Internet sensible persönliche Daten preisgeben. Gänzlich unverständlich ist mir das, wenn man bedenkt, wie erbittert wir in Deutschland über die Videoüberwachung öffentlicher Plätze oder eine Volkszählung streiten können. Politik und Medien müssen hier weiter Aufklärungs- und – ja, ich sage – Bildungsarbeit leisten, um in diesem Bereich zu einem verantwortungsvollen Umgang mit Freiheit zu kommen.

*Sechstens:* Auch unsere Außenpolitik ist wertegebunden. Ich sehe mit Sorge, dass Diktaturen und autokratische Staaten den Freiheits- und Toleranzbegriff missbrauchen. Denken wir zum Beispiel an die dritte Konferenz der Vereinten Nationen gegen Rassismus im Jahre 2001. Diese Anti-Rassismus-Konferenz und ihre Nachfolgetreffen wurden leider von Abgesandten aus Diktaturen und autoritär regierten Ländern bestimmt, die den Gedanken dieser Konferenzen in ihr Gegenteil verkehrt haben.

In Zusammenhängen wie diesen wird oft gefragt: Ist es nicht eine kulturelle, westliche, europäische, christliche Anmaßung, dass wir unsere Werte und Freiheitsrechte für universal gültig halten? Meine Antwort ist eindeutig: Nein, es ist keine Anmaßung. Fast alle Staaten sind Mitglieder der Vereinten Nationen und haben die Allgemeine Erklärung der Menschenrechte anerkannt. Die großartigen 30 Artikel der Menschenrechtserklärung machen deutlich: Wer diese Rechte bestreitet, hat nicht das Wohl der Menschen im Blick. Kein kultureller Unterschied kann die Missachtung dieser Rechte rechtfertigen.

Ich bin im Übrigen überzeugt: Wenn wir selbstbewusst zu unseren Werten stehen, verschafft uns das weltweit mehr Respekt und Anerkennung, als wenn wir es nur verschämt tun.

Freiheit – ich habe es schon oft gesagt – ist für mich persönlich die glücklichste Erfahrung meines Lebens. Auch bald 21 Jahre nach dem überwältigenden Geschenk der Freiheit mit dem Fall der Mauer und 20 Jahre nach der Vollendung der Einheit Deutschlands gibt es noch immer nichts, das mich mehr begeistert, nichts, das mich mehr anspornt, nichts, das mich stärker mit positiven Gefühlen erfüllt als die Kraft der Freiheit.

In diesem Sinne gratuliere ich Ihnen zu dieser Veranstaltung und wünsche Ihnen für sie, diese Veranstaltung, alles Gute und viel Erfolg.

# »Der Weg zur Energie der Zukunft«

## Regierungserklärung

*9. Juni 2011 in Berlin*

Sehr geehrter Herr Präsident!
Liebe Kolleginnen und Kollegen!
Meine Damen und Herren!

Vor 90 Tagen wurde der Nordosten Japans vom schwersten Erdbeben in der Geschichte des Landes heimgesucht. Anschließend traf eine bis zu zehn Meter hohe Flutwelle seine Ostküste. Danach fiel in einem Reaktor des Kernkraftwerkes Fukushima I die Kühlung aus. Die japanische Regierung rief den atomaren Notstand aus.

Heute, 90 Tage nach jenem furchtbaren 11. März, wissen wir: In drei Reaktorblöcken des Kernkraftwerkes sind die Kerne geschmolzen. Noch immer steigt radioaktiver Dampf in die Atmosphäre. Die weiträumige Evakuierungszone wird noch lange bestehen bleiben, und an ein Ende der Schreckensmeldungen ist noch nicht zu denken. Erst letzte Woche herrschte in Block eins die bisher höchste Strahlenbelastung. Die Internationale Atomenergie-Organisation bewertet die Situation in Fukushima als weiterhin sehr ernst.

Wir werden heute weitreichende Vorhaben für eine neue Architektur der Energieversorgung in Deutschland beraten. Aber bevor wir das tun, wünsche ich mir, dass wir zuerst an die Menschen in Japan denken. Wir trauern um die Opfer, wir fühlen mit denen, die ihre Lieben, ihr Hab und Gut, ihr Zuhause unwiederbringlich verloren haben. Ich habe beim G8-Gipfel vor wenigen Tagen in Deauville meinem japanischen Amtskollegen gesagt: Deutschland steht weiter an der Seite Japans.

Ohne Zweifel, die dramatischen Ereignisse in Japan sind ein Einschnitt für die Welt. Sie waren ein Einschnitt auch für mich ganz persönlich. Wer auch nur einmal die Schilderungen an sich heranlässt, wie in Fukushima verzweifelt versucht wurde, mit Meerwasser die Reaktoren zu kühlen, um inmitten des Schreckens noch Schrecklicheres zu verhindern, der erkennt: In Fukushima haben wir zur Kenntnis nehmen müssen, dass selbst in einem Hochtechnologieland wie Japan die Risiken der Kernenergie nicht sicher beherrscht werden können.

Wer das erkennt, muss die notwendigen Konsequenzen ziehen. Wer das erkennt, muss eine neue Bewertung vornehmen. Deshalb sage ich für mich: Ich habe eine neue Bewertung vorgenommen; denn das Restrisiko der Kernenergie kann nur der akzeptieren, der überzeugt ist, dass es nach menschlichem Ermessen nicht eintritt. Wenn es aber eintritt, dann sind die Folgen sowohl in räumlicher als auch in zeitlicher Dimension so verheerend und so weitreichend, dass sie die Risiken aller anderen Energieträger bei weitem übertreffen. Das Restrisiko der Kernenergie habe ich vor Fukushima akzeptiert, weil ich überzeugt war, dass es in einem Hochtechnologieland mit hohen Sicherheitsstandards nach menschlichem Ermessen nicht eintritt. Jetzt ist es eingetreten.

Genau darum geht es also – nicht darum, ob es in Deutschland jemals ein genauso verheerendes Erdbeben, einen solch katastrophalen Tsunami wie in Japan geben wird. Jeder weiß, dass das genau so nicht passieren wird. Nein, nach Fukushima geht es um etwas anderes. Es geht um die Verlässlichkeit von Risikoannahmen und um die Verlässlichkeit von Wahrscheinlichkeitsanalysen. Denn diese Analysen bilden die Grundlage, auf der die Politik Entscheidungen treffen muss, Entscheidungen für eine zuverlässige, bezahlbare, umweltverträgliche, also sichere Energieversorgung in Deutschland. Deshalb füge ich heute ausdrücklich hinzu: Sosehr ich mich im Herbst letzten Jahres im Rahmen unseres umfassenden Energiekonzepts auch für die Verlängerung der Laufzeiten der deutschen Kernkraftwerke eingesetzt habe, so unmissverständlich stelle ich heute vor diesem Haus fest: Fukushima hat meine Haltung zur Kernenergie verändert.

Vor diesem Hintergrund hat die Bundesregierung die Reaktor-Sicherheitskommission beauftragt, in den vergangenen drei Monaten alle deutschen Kernkraftwerke einer umfassenden Sicherheitsprüfung zu unterziehen. Darüber hinaus hat die Bundesregierung eine Ethik-Kommission zur sicheren Energieversorgung ins Leben gerufen. Beide Kommissionen haben inzwischen die Ergebnisse ihrer Arbeit vorgelegt, und beiden Kommissionen gilt für ihre Arbeit mein ausdrücklicher Dank.

Auf der Grundlage dieser Arbeiten hat die Bundesregierung am Montag acht Gesetzentwürfe und Verordnungen beschlossen. Sie hat damit die notwendigen Entscheidungen für den Betrieb der Kernkraftwerke in Deutschland und die zukünftige Architektur unserer Energieversorgung auf den Weg gebracht.

*Erstens.* Das Atomgesetz wird novelliert. Damit wird bis 2022 die Nutzung der Kernenergie in Deutschland beendet. Die während des dreimonatigen Moratoriums abgeschalteten sieben ältesten deutschen Kernkraftwerke und das seit längerem stillstehende Kraftwerk Krümmel werden nicht wieder ans Netz gehen.

Für die Stilllegung der weiteren Kernkraftwerke haben wir einen Stufenplan beschlossen. Danach wird 2015, 2017 und 2019 jeweils ein Kraftwerk vom Netz gehen. Dann folgen bis 2021 drei weitere Kraftwerke. Die drei neuesten Anlagen können noch ein Jahr länger laufen: bis Ende 2022. Reststrommengen bleiben innerhalb der festgelegten Zeiträume auf andere Kernkraftwerke übertragbar. Dies gilt auch für die Strommengen von Krümmel, Mülheim-Kärlich und die der sieben ältesten Kernkraftwerke.

*Zweitens.* Bis Ende dieses Jahres werden wir einen gesetzlichen Vorschlag für die Regelung der Endlagerung vorlegen. Das schließt die ergebnisoffene Weitererkundung Gorlebens ebenso ein wie ein Verfahren zur Ermittlung allgemeiner geologischer Eignungskriterien und möglicher alternativer Entsorgungsoptionen.

*Drittens.* Damit die Versorgungssicherheit, insbesondere die Stabilität der Stromnetze, in der jetzt anstehenden Zeit unmittelbar nach der Stilllegung von acht Kernkraftwerken zu jeder Minute und zu jeder Sekunde gewährleistet ist, müssen wir ausreichend fossile Reservekapazitäten unseres Kraftwerkparks vorhalten.

Zusätzlich schaffen wir die Möglichkeit, dass die Bundesnetzagentur, falls sie es für notwendig erachtet, eines der stillgelegten Kernkraftwerke in den beiden Winterhalbjahren bis zum Frühjahr 2013 als Reserve bestimmen kann. Auch hier ziehen wir eine Lehre aus Wahrscheinlichkeitsanalysen nach Fukushima, und zwar ein für alle Mal. Wir werden uns – und ich auch ganz persönlich – nicht dafür hergeben, dass wir uns auf etwas stützen, das das Restrisiko beinhaltet, dass es einen sogenannten Blackout in Deutschland geben kann. Auch wenn das nach menschlichem Ermessen äußerst unwahrscheinlich ist, dürfen wir dies nicht zulassen, weil wir gerade im Zusammenhang mit Fukushima erlebt haben, dass auch äußerst unwahrscheinliche Ereignisse eintreten können. Deshalb müssen wir hier Vorsorge treffen, wenn die Bundesnetzagentur das für geboten hält. Es ist nach derzeitiger Einschätzung der Bundesnetzagentur notwendig, eine Reserve bis zum Frühjahr 2013 vorzuhalten.

*Viertens.* Zentrale Säule der zukünftigen Energieversorgung sollen die erneuerbaren Energien werden. Wir wollen das Zeitalter der erneuerbaren Energien erreichen. Mit dem Energiekonzept vom Herbst 2010 hat die Bundesregierung dazu die Richtung festgelegt und ehrgeizige Ziele formuliert. Der Anteil der erneuerbaren Energien am Energieverbrauch soll bis 2050 auf 60 Prozent, ihr Anteil am Stromverbrauch auf 80 Prozent anwachsen. 2020 sollen mindestens 35 Prozent unseres Stroms aus Wind, Sonne, Wasser und anderen regenerativen Energiequellen erzeugt werden.

Bis 2020 sollen die Treibhausgasemissionen um 40 Prozent und bis 2050 um mindestens 80 Prozent gegenüber 1990 reduziert werden. Bis 2050 soll unser Primärenergieverbrauch um 50 Prozent gegenüber 2008 sinken. Das heißt, wir müssen ihn halbieren. Die energetische Gebäudesanierung soll im Vergleich zur bisherigen Rate verdoppelt, der Stromverbrauch bis 2020 um zehn Prozent gesenkt werden.

Das sind genau die Ziele unseres Energiekonzepts, das wir im Herbst 2010 beschlossen haben. Dieses Konzept bleibt gültig, genauso wie die Umsetzung dieses Konzepts. Aber erreichen können wir diese Ziele nur durch einen tiefgreifenden Umbau unserer Energieversorgung, durch neue Strukturen und den Einsatz modernster Technologie; denn die Leistungsfähigkeit unserer Industrie in Deutschland ist ein hohes Gut. Sie muss bewahrt, sie muss ausgebaut werden; denn ihr verdanken wir unseren Wohlstand. Deshalb steigen wir nicht einfach aus der Kernkraft aus, sondern wir schaffen die Voraussetzungen für die Energieversorgung von morgen. Genau das hat es bislang so in Deutschland nicht gegeben.

Weil wir wissen: »Wer A sagt, muss auch B sagen«, wissen wir auch, dass das eine, nämlich der Ausstieg, ohne das andere, nämlich den Umstieg, nicht zu haben ist. Das ist es, worum es geht. Es führt daher kein Weg daran vorbei, die Stromnetze in ganz Deutschland zu modernisieren und auszubauen. Der erforderliche Leitungsausbau bei den Stromübertragungsnetzen in Deutschland liegt bei weit mehr als 800 Kilometern. Fertiggestellt sind bislang aber nur weniger als 100 Kilometer, weil geplante Stromleitungen noch immer auf Widerstände vor Ort stoßen. Planungsverfahren dauern – das ist eigentlich die Regel – häufig länger als zehn Jahre. Das ist nicht akzeptabel.

Hier müssen wir eine erhebliche Beschleunigung und gleichzeitig mehr Akzeptanz erreichen. Es kann nicht angehen, auf der einen Seite den Ausstieg aus der Kernenergie gar nicht schnell genug bekommen zu wollen, auf der anderen Seite aber eine Protestaktion nach der anderen gegen den Netzausbau zu starten, ohne den der Umstieg in die erneuerbaren Energien aber schlichtweg nicht funktionieren wird. Genau dieser Kreislauf – hier dagegen und dort dagegen – muss durchbrochen werden.

Dazu hat die Bundesregierung den Entwurf eines Netzausbaubeschleunigungsgesetzes beschlossen, das unter anderem eine bundeseinheitliche Planung für Höchstspannungsleitungen von überregionaler und europäischer Bedeutung vorsieht. Darüber hinaus enthält das NABEG auch Regelungen zur Sammelanbindung von Offshorewindparks sowie zur Erstellung eines Offshorenetzplans. Dabei wollen wir auch weiterhin eine möglichst frühzeitige und umfassende Bürgerbeteiligung sicherstellen.

Auch die von uns beschlossene umfassende Novelle des Energiewirtschaftsgesetzes enthält Regelungen zum beschleunigten Netzausbau. Weiterhin wird im novellierten Energiewirtschaftsgesetz der Einbau von intelligenten Zählern als Ausgangspunkt kommender intelligenter Netze geregelt. Hinzu kommen zahlreiche Maßnahmen zur Intensivierung des Wettbewerbs auf den Energiemärkten sowie die Förderung von Speichern. Im Rahmen des neuen Energieforschungsprogramms werden wir die Entwicklung und Anwendung neuer Speichertechnologien unterstützen, die wir brauchen, um die fluktuierende Energieversorgung aus erneuerbaren Energien zu verstetigen.

Ich sagte es: Wer A sagt, muss auch B sagen. Das eine ist ohne das andere nicht zu haben. Das gilt für den Ausbau der Netze, und das gilt gleichermaßen für die erforderlichen neuen Stromerzeugungskapazitäten, insbesondere bei Wind, Sonne und Biomasse. Leitlinie dabei sind Kosteneffizienz und zunehmende Marktorientierung. Diesem Ziel dient die Novelle des Erneuerbare-Energien-Gesetzes. Die Grundpfeiler der bisher so erfolgreichen Förderung der erneuerbaren Energien bleiben bestehen. Die gesetzliche Vergütung, der Einspeisevorrang und die Verpflichtung zum Netzanschluss haben unverändert Bestand. Damit sichern wir die notwendigen Investitionen für den weiteren Ausbau.

Schwerpunkt des zukünftigen Ausbaus soll die Windenergie an Land und auf See sein. So werden die Finanzierungsbedingungen für Offshoreanlagen verbessert, und mit der Novellierung des Bauplanungsrechts, etwa mit der erleichterten Flächenausweisung für erneuerbare Energien, leisten wir einen Beitrag zum Ausbau und zu einer schnelleren Modernisierung von Windkraftanlagen an Land.

Aber – das ist neu –: Wenn die erneuerbaren Energien zukünftig noch schneller einen Großteil der Energieversorgung übernehmen sollen – 35 Prozent sind immerhin mehr als ein Drittel des zukünftigen Stromverbrauchs –, dann müssen wir konsequent auf Kosteneffizienz und Marktintegration achten. Ein Schritt auf diesem Weg ist die Einführung der sogenannten optionalen Marktprämie, die die erneuerbaren Energien an das Marktgeschehen heranführt. Das ist ein qualitativ neuer Zugang, den wir aber brauchen, wenn erneuerbare Energien einen größeren Anteil an der Stromversorgung übernehmen sollen.

Im Bereich der Photovoltaik und der Biomasse wollen wir bestehende Potenziale für Kostensenkungen ausschöpfen. Darüber hinaus ist die Vereinfachung der Regelungen ein Leitgedanke des Erneuerbare-Energien-Gesetzes. Wo immer möglich, sind Sonderregelungen oder spezielle Boni abgeschafft oder vereinfacht worden. Damit wird die Förderpraxis vereinfacht und mehr Transparenz geschaffen.

Unsere Wirtschaft und vor allem die energieintensive Industrie sind in besonderer Weise darauf angewiesen, Strom zuverlässig und zu wettbewerbsfähigen Preisen beziehen zu können. Die rund eine Million Beschäftigten in der energieintensiven Industrie leisten einen zentralen Beitrag für die Wertschöpfung in unserem Land.

Unsere Devise heißt: Die Unternehmen genauso wie die Bürgerinnen und Bürger in Deutschland müssen auch in Zukunft mit bezahlbarem Strom versorgt werden. Deshalb wollen wir die erneuerbaren Energien schneller zur Marktreife führen und effizienter gestalten. Die EEG-Umlage soll nicht über ihre heutige Größenordnung hinaus steigen; heute liegt sie bei etwa 3,5 Cent pro Kilowattstunde. Langfristig wollen wir die Kosten für die Vergütung des Stroms aus erneuerbaren Energien deutlich senken.

Mit Blick auf die stromintensiven Unternehmen wollen wir Zuschüsse zum Ausgleich für emissionshandelsbedingte Strompreiserhöhungen vorsehen. Die Bundesregierung wird sich – das sage ich hier zu – mit aller Kraft in Brüssel dafür einsetzen, dass unsere Unternehmen faire Wettbewerbsbedingungen in Europa erhalten. Darüber hinaus wird ab 2012 die Härtefallregelung des Erneuerbare-Energien-Gesetzes ausgeweitet.

Wenn wir schneller aus der Kernenergie aussteigen und in die erneuerbaren Energien einsteigen, dann brauchen wir für die Zeit des Übergangs fossile Kraftwerke. Auch daran führt kein Weg vorbei. Dazu werden wir den Rahmen für hocheffiziente Kohle- und Gaskraftwerke fortentwickeln. Mit dem Entwurf einer Novelle des Kraft-Wärme-Kopplungs-Gesetzes leisten wir einen Beitrag zur Versorgungssicherheit und Effizienz der Stromerzeugung. In einem *ersten* Schritt wollen wir die Frist für förderberechtigte KWK-Anlagen bis ins Jahr 2020 verlängern und die Voraussetzungen für die Förderung flexibler gestalten. Noch im Laufe dieses Jahres werden wir über weitergehende Schritte entscheiden.

Die schnelle Fertigstellung der in Bau befindlichen fossilen Kraftwerke mit einer Leistung von rund zehn Gigawatt bis 2013 ist aus Gründen der Versorgungssicherheit und der Netzstabilität unabdingbar. Mindestens zehn, eher 20 weitere Gigawatt müssen in den nächsten zehn Jahren hinzugebaut werden. Durch ein Planungsbeschleunigungsgesetz wollen wir zudem den weiteren zügigen Ausbau von Kraftwerkskapazitäten sicherstellen. Insbesondere mit Blick auf kleine und mittelständische Energieversorger werden wir zudem ein neues Kraftwerksförderprogramm auflegen. Auch dies ist ein Beitrag zu mehr Versorgungssicherheit.

Aber machen wir uns nichts vor: Alle noch so ehrgeizigen Maßnahmen für den Ausbau der erneuerbaren Energien und der dafür erforderlichen Netze werden nicht ausreichen, wenn es nicht gelingt, die Energieeffizienz in unserem Land zu steigern. Im Zentrum steht dabei der Gebäudebereich. Auf ihn allein entfallen rund 40 Prozent des deutschen Energieverbrauchs, etwa ein Drittel aller $CO_2$-Emissionen. Genau hier müssen wir ansetzen. Ziel bleibt es – so haben wir es schon im Herbst beschlossen –, bis 2050 einen nahezu klimaneutralen Gebäudebestand zu erreichen. Auch im Bereich der energieeffizienten Geräte und Prozesse wollen wir mehr tun, um den Stromverbrauch schon bis 2020 um zehn Prozent zu senken.

Wir werden deshalb die Mittel für das KfW-$CO_2$-Gebäudesanierungsprogramm auf 1,5 Milliarden Euro jährlich aufstocken. Hinzu kommen neue steuerliche Anreize für die Gebäudesanierung, die auf weitere rund 1,5 Milliarden Euro an gezielter Förderung anwachsen werden.

In einer Novelle der Energieeinsparverordnung wollen wir festlegen, dass Gebäude nach 2020 und öffentliche Gebäude schon nach 2018 nur noch als Niedrigstenergiehäuser errichtet werden sollen.

Bei der Vergabe öffentlicher Aufträge wird die Energieeffizienz als wichtigstes Kriterium rechtlich verankert. Hierzu haben wir die Vergabeverordnung entsprechend geändert. Zudem wollen wir einen Fahrplan für die energetische Sanierung von öffentlichen Gebäuden des Bundes erarbeiten mit dem Ziel, den Wärmebedarf der Bundesgebäude bis 2020 um 20 Prozent gegenüber 2010 zu senken.

Auf europäischer Ebene werden wir uns für anspruchsvolle Produktstandards im Rahmen eines sogenannten Top-Runner-Ansatzes einsetzen. Energieeffizienz soll nicht nur in Deutschland, sondern auch in Europa ein neues Markenzeichen werden.

Die Finanzierung der Maßnahmen des Energiekonzepts beruht dabei auf einem soliden Fundament. Ab 2012 sollen die Erlöse aus der Versteigerung der Emissionszertifikate unmittelbar in den von uns im vergangenen Herbst eingerichteten Energie- und Klimafonds fließen. Schon ab 2012 werden die Mittel des Fonds verstärkt.

Diese *vier* Punkte –

*erstens* die Novelle des Atomgesetzes,

*zweitens* die Arbeit für ein Entsorgungskonzept,

*drittens* die Versorgungssicherheit bis 2013,

*viertens* das Energiekonzept der Zukunft –

zeigen schon die Größe der Aufgabe, die vor uns steht. Ich sage ganz deutlich: Es handelt sich um eine Herkulesaufgabe – ohne Wenn und Aber. Alle, die zweifeln, wie wir als großes Industrieland in zehn Jahren ohne Kernenergie auskommen wollen, ohne gleichzeitig die Klimaschutzziele zu riskieren, ohne Arbeitsplätze in der energieintensiven Industrie zu gefährden, ohne das Steigen der Strompreise in das sozial nicht mehr Erträgliche in Kauf zu nehmen, ohne gefährliche Stromausfälle zu provozieren, ohne dass andere Länder um uns herum denselben Weg einschlagen, alle, die solche Fragen stellen, sind keine Ideologen, keine Ewiggestrigen, keine Spinner, denn sie stellen wichtige Fragen. Sie sind anzuhören, sie sind ernst zu nehmen, und wir haben Antworten darauf zu finden.

Es ist ja wahr: Es scheint einer Quadratur des Kreises nahezukommen, all das schaffen zu wollen, was wir uns vorgenommen haben.

Deshalb ist ein *fünfter* Punkt zwingend und unerlässlich: die Einrichtung eines lückenlosen Monitoringprozesses. Nur so können wir prüfen, ob wir unsere Ziele auf dem Weg zur Energie der Zukunft tatsächlich erreichen oder was wir zusätzlich tun müssen, wenn wir sie zu verfehlen drohen. Dabei geht es nicht um den schnelleren Ausstieg aus der Kernenergie – der steht fest –; nein, es geht um die regelmäßige Überprüfung der Umsetzung des Maßnahmenprogramms, auf die ein Land wie Deutschland in seinem eigenen Interesse nicht verzichten darf. Dieses Monitoring muss im Sinne eines richtigen Projektmanagements durchgeführt werden.

Deshalb wird die Bundesregierung diese Überprüfung jährlich vornehmen und dem Deutschen Bundestag das Ergebnis zur Debatte vorlegen. Sie wird auf der Grundlage von Berichten von Institutionen wie dem Statistischen Bundesamt, der Bundesnetzagentur oder des Umweltbundesamtes erfolgen. Über die Ergebnisse wird die Bundesregierung den Deutschen Bundestag unterrichten, und gegebenenfalls wird sie Empfehlungen zum weiteren Vorgehen aussprechen.

Wenn wir den Weg zur Energie der Zukunft so einschlagen, dann werden die Chancen viel größer sein als die Risiken. Welches Land, wenn nicht unser Land, sollte dazu die Kraft haben? Deutschland hat schon so manches Mal gezeigt, was es kann, was in ihm steckt, und hat schon ganz andere Herausforderungen bewältigt: die Einführung der sozialen Marktwirtschaft, weltweit in dieser Form einmalig; die Vollendung der deutschen Einheit, historisch ohne Vorbild; aus der weltweiten Finanz- und Wirtschaftskrise stärker herausgekommen, als wir in sie hineingegangen sind, und – ja, auch das – besser als die meisten anderen.

Deshalb sind wir überzeugt: Deutschland hat das Potenzial und die Kraft für eine neue Architektur unserer Energieversorgung. Die Energie der Zukunft soll sicherer sein und zugleich verlässlich, wirtschaftlich und bezahlbar. Wir können als erstes Industrieland der Welt die Wende zum Zukunftsstrom schaffen. Wir sind das Land, das für neue Technik, Pioniergeist und höchste Ingenieurkunst steht. Wir sind das Land der Ideen, das Zukunftsvisionen mit Ernsthaftigkeit, Genauigkeit und Verantwortung für zukünftige Generationen Wirklichkeit werden lässt.

Wir alle, Regierung und Opposition, Bund, Länder und Kommunen, die Gesellschaft als Ganzes, jeder Einzelne, wir alle gemeinsam können, wenn wir es richtig anpacken, bei diesem Zukunftsprojekt ethische Verantwortung mit wirtschaftlichem Erfolg verbinden. Dies ist unsere gemeinsame Verantwortung. Für dieses gemeinsame Projekt werbe ich mit aller Kraft und mit aller Überzeugung.

# »Dafür bitte ich sie um Verzeihung«

## Gedenkveranstaltung für die Opfer rechtsextremistischer Gewalt

*23. Februar 2012 in Berlin*

Sehr geehrter Herr Bundesratspräsident,
sehr geehrter Herr Bundestagspräsident,
sehr geehrter Herr Präsident des Bundesverfassungsgerichts,
Exzellenzen,
sehr geehrte Damen und Herren,
ganz besonders aber: liebe Familien, die Sie einen Angehörigen verloren haben oder selbst einen Anschlag erleben mussten,

ich danke Ihnen, dass Sie heute zu dieser Gedenkveranstaltung gekommen sind.

Auf dem Podest links neben mir brennen Kerzen. Es sind Kerzen für Menschen – für Menschen, deren Leben ausgelöscht wurde, ausgelöscht durch kaltblütigen Mord.

Enver Şimşek. Er wurde 38 Jahre alt und hatte sich, seiner Frau und seinen beiden Kindern in Nürnberg den Traum vom eigenen Blumenhandel erfüllt.

Abdurrahim Özüdoğru. Er half häufiger in einer Änderungsschneiderei in Nürnberg aus. Dort trafen ihn die tödlichen Schüsse. Er wurde 49 Jahre alt und hinterlässt eine Tochter.

Süleyman Taşköprü. Er betrieb in Hamburg einen Gemüsemarkt. Als er im Alter von 31 Jahren starb, war seine Tochter gerade einmal drei Jahre alt.

Habil Kılıç. Wenige Monate vor seinem gewaltsamen Tod im Alter von 38 Jahren hatte er in München zusammen mit seiner Frau ein Lebensmittelgeschäft eröffnet. Die beiden haben eine Tochter.

Mehmet Turgut. Der 25-Jährige war gerade aus Anatolien nach Rostock gekommen. Hoffnungen und Träume begleiteten ihn. Er hatte keine Chance, sie zu verwirklichen.

İsmail Yaşar. Vor allem die Schulkinder der Nürnberger Nachbarschaft kamen häufig und gerne zum Imbiss des Familienvaters. Er wurde 50 Jahre alt und hinterlässt drei Kinder.

Theodoros Boulgarides. Der 41-jährige Vater von zwei Kindern lebte in München und glaubte als Geschäftsmann an seine Zukunft in Deutschland.

Mehmet Kubaşik. Er war mit seiner Frau nach Deutschland gekommen, hatte mit ihr in Dortmund einen Kiosk eröffnet und sich so eine Existenz aufgebaut – für seine Tochter und die beiden jüngeren Söhne. Er wurde 39 Jahre alt.

Halit Yozgat. Der 21-Jährige betrieb in seiner Heimatstadt Kassel ein Internetcafé – bis die Mörder sein junges Leben auslöschten.

Michèle Kiesewetter. Die Polizistin zog für ihre Polizeiausbildung von Thüringen nach Baden-Württemberg. Sie war gerade einmal 22 Jahre alt, als sie in Heilbronn in ihrem Dienstwagen ermordet wurde. Ihr neben ihr sitzender Kollege überlebte die Schüsse der Täter schwer verletzt.

Zehn brennende Kerzen – zehn ausgelöschte Leben. Ihrer gedenken wir heute. Zehn Kerzen – sie stehen für eine Mordserie in Deutschland von 2000 bis 2006, deren Täter bis 2011 und damit also über mehr als zehn Jahre unentdeckt blieben – mitten unter uns; beispiellos für unser Land.

Bevor wir die alles überragenden Fragen »Wie konnte das

geschehen?«, »Warum sind wir nicht früher aufmerksam geworden?«, »Warum konnten wir das nicht verhindern?« beantworten, bitte ich darum, dass wir schweigen. Schweigen, so wie heute um 12 Uhr Beschäftigte im ganzen Land schweigen werden. Gewerkschaften und Arbeitgeber haben das vereinbart.

Ich danke Ihnen.

Mit diesem Schweigen ehren wir die Opfer der Mordserie einer Terrorgruppe, die ihren Kern seit Ende der 90er Jahre in Thüringen hatte und die sich den Namen »Nationalsozialistischer Untergrund« gab. Wir ehren die Opfer dieser Terrorgruppe; und wir erinnern gleichzeitig auch an die Opfer weiterer schrecklicher Taten. Denken wir an die Sprengstoff-Anschläge in Köln am 19. Januar 2001 und am 9. Juni 2004. Dabei wurden viele Menschen verletzt. Einige von ihnen sind heute unter uns. Dafür danke ich ihnen. Viele von ihnen haben äußerliche Narben davongetragen. Wie sehr die seelischen Wunden schmerzen, das können wir nur ahnen.

Manchmal rütteln uns Berichte über skrupellose rechtsextremistische Gewalttäter auf. Für einige Tage bestimmen sie die Schlagzeilen der Nachrichten. Manchmal bleibt auch der Name einer Stadt als Tatort im Gedächtnis. Doch oft genug nehmen wir solche Vorfälle eher nur als Randnotiz wahr. Wir vergessen zu schnell – viel zu schnell. Wir verdrängen, was mitten unter uns geschieht; vielleicht, weil wir zu beschäftigt sind mit anderem; vielleicht auch, weil wir uns ohnmächtig fühlen gegenüber dem, was um uns geschieht.

Oder auch aus Gleichgültigkeit? Gleichgültigkeit – sie hat eine schleichende, aber verheerende Wirkung. Sie treibt Risse mitten durch unsere Gesellschaft. Gleichgültigkeit hinterlässt auch die Opfer ohne Namen, ohne Gesicht, ohne Geschichte.

Deshalb setzen wir hier ein Zeichen. Mit einer elften Kerze auf dem Podest. Sie haben wir entzündet für alle bekannten wie unbekannten Opfer rechtsextremistischer Gewalt. Auch ihnen ist diese Gedenkveranstaltung gewidmet. Zu jedem dieser Menschen gehören eine Familie, Freunde und Bekannte. Ihr Leid, ihre Sorgen sind kaum zu ermessen.

Die Menschenverachtung der rechtsextremistischen Mörder ist letztlich unbegreiflich. Und doch müssen wir versuchen zu ergründen, wie und durch wen sie so geworden sind, wie sie geworden sind. Wir müssen alles tun, damit nicht auch andere junge Männer und Frauen zu solcher Menschenverachtung heranwachsen. Das sind wir den Opfern, das sind wir ihren Angehörigen, das sind wir uns allen schuldig.

Viele Hinterbliebene sind heute unter uns. Ich weiß, wie schwer ihnen das gefallen ist. Sie haben mir vorhin von ihrem großen Schmerz erzählt. Sie haben mir erzählt, wie allein gelassen sie sich gefühlt haben. Umso dankbarer bin ich, dass wir heute gemeinsam hier sein können. Ich danke auch den Angehörigen, die nachher ebenfalls das Wort an uns richten werden: Herrn Ismail Yozgat, Semiya Şimşek und Gamze Kubaşik.

Die meisten von ihnen blieben allein in ihrer Not. Denn die Hintergründe der Taten lagen im Dunkeln – viel zu lange. Das ist die bittere Wahrheit. Nur wenige hierzulande hielten es für möglich, dass rechtsextremistische Terroristen hinter den Morden stehen könnten, nachdem bislang für typisch gehaltene Verhaltensmuster von Terroristen, wie zum Beispiel Bekennerschreiben, nicht vorlagen. Das führte stattdessen zur Suche nach Spuren im Mafia- und Drogenmilieu oder gar im Familienkreis der Opfer. Einige Angehörige standen jahrelang selbst zu Unrecht unter Verdacht. Das ist besonders beklemmend. Dafür bitte ich sie um Verzeihung.

Nicht nur vergingen Jahre, ohne zumindest Fortschritte bei der Aufklärung der Taten zu erzielen. Nein, diese Jahre müssen für Sie, liebe Angehörige, ein nicht enden wollender Albtraum gewesen sein. In einem der Gespräche, die Altbundespräsident Wulff mit Hinterbliebenen geführt hat, fiel der

Satz – ich zitiere: »Wir wollten einfach nur wie normale Menschen behandelt werden.« Wie normale Menschen – diese drei Worte zeigen ihre ganze Verzweiflung. Wie schlimm muss es sein, über Jahre falschen Verdächtigungen ausgesetzt zu sein, statt trauern zu können?! Welche Qual ist es, wenn Nachbarn und Freunde sich abwenden, wenn sogar nächste Angehörige zweifeln?! Und wie wird man fertig mit der Skepsis, ob die Sicherheitsbehörden wirklich alles Menschenmögliche tun, um den Mord an dem Nächsten aufzuklären?!

Liebe Hinterbliebene, niemand kann Ihnen den Ehemann, den Vater, den Sohn oder die Tochter zurückbringen. Niemand kann die Jahre der Trauer und der Verlassenheit auslöschen. Niemand kann den Schmerz, den Zorn und die Zweifel ungeschehen machen. Aber wir alle können Ihnen heute zeigen: Sie stehen nicht länger allein mit Ihrer Trauer. Wir fühlen mit Ihnen. Wir trauern mit Ihnen.

Als Bundeskanzlerin der Bundesrepublik Deutschland verspreche ich Ihnen: Wir tun alles, um die Morde aufzuklären und die Helfershelfer und Hintermänner aufzudecken und alle Täter ihrer gerechten Strafe zuzuführen. Daran arbeiten alle zuständigen Behörden in Bund und Ländern mit Hochdruck. Das ist wichtig genug, es würde aber noch nicht reichen. Denn es geht auch darum, alles in den Möglichkeiten unseres Rechtsstaates Stehende zu tun, damit sich so etwas nie wiederholen kann.

Inzwischen wurde eine Bund-Länder-Kommission zur Aufarbeitung des Rechtsterrorismus eingerichtet. Zudem haben im Landtag von Thüringen und im Deutschen Bundestag Untersuchungsausschüsse ihre Arbeit aufgenommen. Erste Weichen für eine bessere Zusammenarbeit zwischen Verfassungsschutz und Polizei sowie zwischen den Landes- und Bundesbehörden sind gestellt.

Wir tun dies, weil wir nicht hinnehmen, dass Menschen Hass, Verachtung und Gewalt ausgesetzt werden. Wir tun dies, weil wir entschieden gegen jene vorgehen, die andere wegen ihrer Herkunft, Hautfarbe, Religion verfolgen. Überall dort, wo an den Grundfesten der Menschlichkeit gerüttelt wird, ist Toleranz fehl am Platz. Toleranz richtete sich selbst zugrunde, wenn sie sich nicht vor Intoleranz schützte.

»Die Würde des Menschen ist unantastbar. Sie zu achten und zu schützen ist Verpflichtung aller staatlichen Gewalt.« – So beginnt unser Grundgesetz. Das war die Antwort auf zwölf Jahre Nationalsozialismus in Deutschland, auf unsägliche Menschenverachtung und Barbarei, auf den Zivilisationsbruch durch die Shoah. »Die Würde des Menschen ist unantastbar.« – Das ist das Fundament des Zusammenlebens in unserem Land, der freiheitlich-demokratischen Grundordnung der Bundesrepublik Deutschland.

Wann immer Menschen in unserem Land ausgegrenzt, bedroht, verfolgt werden, verletzt das die Fundamente dieser freiheitlich-demokratischen Grundordnung, verletzt es die Werte unseres Grundgesetzes. Deshalb waren die Morde der Thüringer Terrorzelle auch ein Anschlag auf unser Land. Sie sind eine Schande für unser Land.

Zu meiner Arbeit als Bundeskanzlerin gehört es, dass ich mir Videos von Tätern, zum Beispiel bei Geiselnahmen, gelegentlich persönlich anschaue. Ich habe mir auch das Video angeschaut, das jetzt im Zuge der Ermittlungen gegen die Thüringer Terrorzelle entdeckt wurde. Es ist mit Elementen der bekannten Zeichentrickfilmserie mit dem rosaroten Panther gestaltet worden. In diesem Video prahlen seine Macher mit den Morden und verhöhnen die Opfer. Etwas Menschenverachtenderes, Perfideres, Infameres – sofern es solche Steigerungsformen überhaupt gibt – habe ich in meiner Arbeit noch nicht gesehen.

Ich habe mich gefragt: Wie kommen Menschen dazu, so etwas zu denken und zu tun? Wer oder was prägt extremistische Täter? Wie kann es sein, dass solche Täter immer wieder Helfershelfer und Anhänger finden? Wie schützen wir Menschen vor Anfeindung und Bedrohung am besten?

Wir müssen uns eingestehen, dass wir dabei zum Teil scheitern. Wir müssen uns eingestehen, dass manchmal gerade dort, wo die Arbeitslosigkeit hoch und die Abwanderung stark ist, oft auch die vertrauten Strukturen der Jugendarbeit verloren gehen, das Freizeitangebot schwindet – und die Feinde unserer Demokratie das zu nutzen wissen. Es ist ein schlimmer Zustand erreicht, wenn Neonazis junge Menschen mit Kameradschaftsabenden einfangen können, weil niemand sonst sich um diese Jugendlichen kümmert. Es darf uns nicht ruhen lassen, wenn eine verfassungsfeindliche und rechtsextremistische Partei junge Familien mit Spielen und Festen ködern kann, weil andere das nicht bieten.

Der Staat ist hier mit seiner ganzen Kraft gefordert. Doch mit staatlichen Mitteln allein lassen sich Hass und Gewalt kaum besiegen. Die Sicherheitsbehörden benötigen Partner: Bürgerinnen und Bürger, die nicht wegsehen, sondern hinsehen – eine starke Zivilgesellschaft. Diese lässt sich nicht verordnen. Sie beruht darauf, dass sich jeder mitverantwortlich für das Ganze fühlt, dass jeder seinen persönlichen Beitrag zu einem friedlichen Zusammenleben leistet. Zivilgesellschaft wächst in den Familien. Bereits in frühen Jahren erlernen Kinder die Grundlagen eines verantwortungsbewussten Miteinanders. Sie wächst in Freundes- und Bekanntenkreisen. Sie wächst in Schulen, Vereinen und im beruflichen Umfeld.

Ich sehe auch viele ermutigende Zeichen, viele Menschen, die sich für ein friedliches Miteinander engagieren – zum Beispiel in Dresden, wo vor wenigen Tagen Tausende Bürgerinnen und Bürger des Jahrestages der Bombardierung der Stadt gedachten und sich dabei die Hände reichten. Mit dieser Geste boten sie den Neonazis Einhalt, die dieses Gedenken missbrauchen wollten. Tagtäglich setzen zahlreiche kleine und größere Initiativen in unserem Land Zeichen gegen Hass und Gewalt. Ins Leben gerufen wurden sie von couragierten, mutigen Menschen. Einige von ihnen sitzen hier unter uns. Ich danke Ihnen stellvertretend für viele andere in unserem Land. Ich danke den Stiftungen, den Medien, den Lehrern und Geistlichen, den Unternehmern, den Vertretern von Verbänden und Vereinen, die alle mit ihren Möglichkeiten für ein gedeihliches Miteinander werben und gegen Hass und Gewalt eintreten.

Der Kampf gegen Vorurteile, Verachtung und Ausgrenzung muss täglich geführt werden – in Elternhäusern, in der Nachbarschaft, in Schulen, Kultur- und Freizeiteinrichtungen, in religiösen Gemeinden, in Betrieben. Überall sollten wir ein feines Gehör und Gespür für die kleinen Bemerkungen, die hingeworfenen Sätze entwickeln. So manche Bemerkung nimmt man schnell mal auf die leichte Schulter – nach dem Motto: Der oder die meint das doch nicht so ernst.

Doch Intoleranz und Rassismus äußern sich keineswegs erst in Gewalt. Gefährlich sind nicht nur Extremisten. Gefährlich sind auch diejenigen, die Vorurteile schüren, die ein Klima der Verachtung erzeugen. Wie wichtig sind daher Sensibilität und ein waches Bewusstsein dafür, wann Ausgrenzung, wann Abwertung beginnt. Gleichgültigkeit und Unachtsamkeit stehen oft am Anfang eines Prozesses der schleichenden Verrohung des Geistes. Aus Worten können Taten werden.

Der irische Denker Edmund Burke hat einmal gesagt – ich zitiere: »Für den Triumph des Bösen reicht es, wenn die Guten nichts tun.« Ja, Demokratie lebt vom Hinsehen, vom Mitmachen. Sie lebt davon, dass wir alle für sie einstehen, Tag für Tag und jeder an seinem Platz. Demokratie zu leben mutet uns zu, Verantwortung zu übernehmen für ein Zusammenleben in Freiheit – und damit für ein Leben in Vielfalt. Gelingt dies, kann Vielfalt ihren Reichtum zum Besten aller entfalten.

Deutschland hat diese Erfahrung in seiner Geschichte immer wieder gemacht. Denn es ist auch eine Geschichte der

Auswanderung und der Zuwanderung. So wurden Brücken in alle Welt geschlagen. Seinen Wohlstand verdankt Deutschland zu einem guten Teil seiner Weltoffenheit und seiner Neugier auf andere. Wir leben hierzulande von Verschiedenheit, von den unterschiedlichsten Lebenswegen. Deutschland – das sind wir alle; wir alle, die in diesem Land leben; woher auch immer wir kommen, wie wir aussehen, woran wir glauben, ob wir stark oder schwach sind, gesund oder krank, mit oder ohne Behinderung, alt oder jung.

Wir sind ein Land, eine Gesellschaft. Auch die, die zu uns aus vielen Ländern dieser Welt kommen, sind nicht einfach die Zuwanderer. Auch sie sind vielfältig und unterschiedlich. Wir alle gemeinsam prägen das Gesicht Deutschlands, unsere Identität in der globalisierten Welt des 21. Jahrhunderts – getragen von unserem Grundgesetz und seinen Werten, unserer freiheitlich-demokratischen Grundordnung, formuliert in unserer Sprache. Gemeinsam verteidigen wir alle, die wir uns zu diesen Werten bekennen, die in unserer Verfassung zu Beginn festgeschriebene unantastbare Würde des Menschen.

Das ist die Botschaft der zwölften Kerze auf dem Podest. Sie ist das Symbol unserer gemeinsamen Hoffnung und Zuversicht für eine gute Zukunft. Lassen Sie uns alle gemeinsam, jeder an seinem Platz und nach seinen Möglichkeiten, für diese Hoffnung und diese Zuversicht leben – zum Wohle unseres Landes und seiner Menschen.

# »Stärker zusammenhalten«

## Neujahrsansprache zum Jahreswechsel 2014/2015

*31. Dezember 2014 in Berlin*

Liebe Mitbürgerinnen und Mitbürger,

2014 wird als ein Jahr in Erinnerung bleiben, das anders verlaufen ist, als wir uns das zu Silvester vor einem Jahr vorstellen konnten.

Es war das Jahr, in dem wir in Europa in lange nicht gekannter Härte erfahren haben, was es bedeutet, wenn Grundlagen unserer europäischen Friedensordnung in Frage gestellt werden – also die freie Selbstbestimmung der Völker. Genau das mutet Russland der Ukraine zu.

Es steht völlig außer Frage, dass wir Sicherheit in Europa gemeinsam mit Russland wollen, nicht gegen Russland. Aber ebenso steht völlig außer Frage, dass Europa ein angebliches Recht eines Stärkeren, der das Völkerrecht missachtet, nicht akzeptieren kann und nicht akzeptieren wird.

Deshalb war 2014 auch das Jahr, in dem Europa genau diese Herausforderung verstanden und gemeinsam mit seinen transatlantischen Partnern angenommen hat.

Europa hat sich entschlossen, sich nicht spalten zu lassen, sondern stärker denn je als Einheit zu handeln, um seine Friedensordnung und seine Werte zu verteidigen. Werte, die Europas Zukunft als Ganzes und die seiner Mitgliedstaaten politisch wie im Übrigen auch wirtschaftlich tragen.

Diese Einheit Europas ist kein Selbstzweck, aber sie ist der Schlüssel, um die Krise in der Ukraine zu überwinden und die Stärke des Rechts durchzusetzen.

2014 wird auch als das Jahr in Erinnerung bleiben, in dem die schreckliche Krankheit Ebola die Menschen Westafrikas in bislang nicht gekanntem Ausmaß heimsuchte. Ich danke allen, die einen Beitrag dazu leisten, diese Krankheit, die noch lange nicht besiegt ist, einzudämmen: den Ärzten, den Pflegern, den Helfern des Deutschen Roten Kreuzes und nicht zuletzt den Soldaten, die hier wie anderswo auf der Welt ihr Leben für uns einsetzen.

2014 mussten wir außerdem erleben, dass die Terrororganisation IS alle Menschen verfolgt und auf bestialische Weise ermordet, die sich ihrem Herrschaftswillen nicht unterwerfen. Diese Terrororganisation wütet ganz besonders in Syrien und im Nordirak, aber sie bedroht auch unsere Werte zu Hause. Die freie Welt stellt sich ihr entgegen. Dazu leisten auch wir Deutschen unseren Beitrag, denn das ist in unserem Interesse.

Eine Folge dieser Kriege und Krisen ist, dass es weltweit so viele Flüchtlinge gibt wie noch nie seit dem Zweiten Weltkrieg. Viele sind buchstäblich dem Tod entronnen. Es ist selbstverständlich, dass wir ihnen helfen und Menschen aufnehmen, die bei uns Zuflucht suchen.

Kürzlich erzählte mir jemand von einem Kurden, der heute Deutscher ist. Vor vielen Jahren sei er aus dem Irak geflohen – unter sehr schwierigen Bedingungen. Unter Lebensgefahr. Er habe gesagt, das Wichtigste sei für ihn in Deutschland, dass seine Kinder hier ohne Furcht aufwachsen könnten.

Das ist vielleicht das größte Kompliment, das man unserem Land machen kann: dass die Kinder Verfolgter hier ohne Furcht groß werden können.

Und das war auch ein Motiv der vielen Menschen, die vor 25 Jahren in der DDR jeden Montag auf die Straße gingen.

Hunderttausende demonstrierten 1989 für Demokratie und Freiheit und gegen eine Diktatur, die Kinder in Furcht aufwachsen ließ.

Heute rufen manche montags wieder »Wir sind das Volk«. Aber tatsächlich meinen Sie: Ihr gehört nicht dazu – wegen Eurer Hautfarbe oder Eurer Religion.

Deshalb sage ich allen, die auf solche Demonstrationen gehen: Folgen Sie denen nicht, die dazu aufrufen! Denn zu oft sind Vorurteile, ist Kälte, ja, sogar Hass in deren Herzen!

Und, liebe Mitbürgerinnen und Mitbürger, welch großes Glück es ist, dass wir seit bald 25 Jahren in einem in Frieden und Freiheit geeinten Land leben können, das konnten wir trotz aller Anstrengungen und trotz aller Probleme auch unseres Alltags gerade auch in diesem Jahr spüren.

Wir spüren, welchen Wert es hat, wenn die Zahl der Menschen, die Arbeit haben, so hoch ist wie noch nie oder wenn wir im kommenden Jahr das erste Mal seit 46 Jahren keine neuen Schulden im Bund aufnehmen müssen und Schluss machen können mit dem Leben auf Pump.

Wir spüren, welchen Wert der Zusammenhalt in unserem Land hat. Er ist Grundlage unseres Erfolges.

Übrigens – es war auch der Zusammenhalt eines Teams, der uns beim Gewinn der Fußballweltmeisterschaft so unvergessliche Momente bescherte. Diesen Erfolg fasste ein englischer Fan wunderbar in Worte, als er sagte: »Deutschland hat eine Mannschaft.«

Genau das war es, eine Mannschaft, die zusammenhielt, um das große Ziel zu erreichen.

Ich drücke natürlich auch unserer Frauen-Fußballnationalmannschaft ganz fest die Daumen, wenn sie im kommenden Jahr bei ihrer WM den Titel gewinnen will.

Es ist und bleibt der Zusammenhalt, mit dem wir auch in Zukunft die großen Herausforderungen meistern können:

- die digitale Revolution, die unser Leben fundamental verändert und ganz neue Möglichkeiten für Innovation und Wettbewerbsfähigkeit bietet.
- Die demografische Entwicklung, die nicht nur Auswirkungen auf unsere Arbeitswelt hat, sondern unser gesamtes Leben erfasst, denken wir nur an die Pflege unserer Angehörigen.
- Die Zuwanderung von Menschen, die ein Gewinn für uns alle ist.
- Den Welthandel, bei dem es darum geht, große Wettbewerbschancen zu nutzen und gleichzeitig soziale und ökologische Standards zu behaupten.
- Den Schutz des Klimas, für den es endlich gelingen muss, neue verbindliche Vereinbarungen zu beschließen. Und im Rahmen der deutschen G7-Präsidentschaft will ich mich dafür in den nächsten Monaten mit aller Kraft einsetzen.

Liebe Mitbürgerinnen und Mitbürger,

auch im kommenden Jahr sollten wir gemeinsam alles daran setzen, den Zusammenhalt unseres Landes zu stärken. Er macht unsere Gesellschaft menschlich und erfolgreich.

In diesem Sinne wünsche ich von Herzen denen, die am heutigen Abend Kummer haben oder um einen lieben Menschen trauern, Trost und Beistand, und uns allen gemeinsam Kraft, Gesundheit und Gottes Segen für das neue Jahr 2015.

# »Frauen sind auch Menschen«

## Beim Sommerempfang »30 Jahre Bundesfrauenministerium«

*5. Juli 2016 in Berlin*

Sehr geehrte Frau Bundesministerin, liebe Frau Schwesig, liebe Kolleginnen aus dem Fachbereich – wenn auch mit unterschiedlichen Titeln; angefangen bei Rita Süssmuth bis heute zu Manuela Schwesig. Ich freue mich, dass so viele heute kommen konnten.

Liebe Kolleginnen und Kollegen aus dem Deutschen Bundestag – stellvertretend begrüße ich ausnahmsweise einen Mann, nämlich Thomas Oppermann als SPD-Fraktionsvorsitzenden. Ohne Männer hätten wir ja manches nicht geschafft; sie müssen ja auch irgendwann im Bundestag die Hand heben, wenn ein Gesetz durchgeboxt wird.

Liebe Gäste dieses Empfangs,

ich finde, es ist eine sehr gute Idee, dass diese 30 Jahre gefeiert werden. Ich weiß auch noch, wie ich meinen 30. Geburtstag gefeiert habe; und das schien mir hier bei allen der Fall zu sein. Auf jeden Fall habe ich damals noch nicht gedacht, dass ich wenige Jahre später die Deutsche Einheit erleben würde; so viel ist sicher. Das hat dann in der Tat ja auch Einiges bewegt.

Aber noch einmal ein Blick weiter zurück: Seit 1949 steht im Grundgesetz: »Männer und Frauen sind gleichberechtigt.«

Dieser Satz war keinesfalls selbstverständlich. Vielmehr war es dem außerordentlichen Engagement von Frauen zu verdanken, dass er überhaupt ins Grundgesetz kam. Deshalb möchte ich an diesem Tag auch all denen einfach ein Dankeschön sagen, die sich in der Frauenbewegung – wo auch immer – engagiert haben. Ohne sie wäre es nicht zum Frauenministerium in Deutschland gekommen. Herzlichen Dank an die, die heute mit dabei sind.

Elisabeth Schwarzhaupt war 1961 – zwölf Jahre nach Verabschiedung des Grundgesetzes – die erste Bundesministerin, die am Kabinettstisch Platz nehmen durfte. Dazu bemerkte sie: »Vorausgegangen war eine energische Demarche einiger Frauen der Fraktion, [...] die von Adenauer verlangte, dass endlich eine Frau ins Kabinett aufgenommen würde.«

Wir haben heute Rita Süssmuth unter uns, die 1986 das Wort »Frauen« in den Namen ihres Ministeriums aufnahm; damals kam es unter anderem zum großen Bereich Gesundheit dazu. Das war mehr als eine Umbenennung, denn Rita Süssmuth hat nicht einfach nur ein Wort aufgenommen, sondern hat sich dann auch für frauenpolitische Anliegen eingesetzt. Das war nicht immer populär – jedenfalls in meiner Partei; bei der SPD war das bestimmt ganz anders. Aber sie hat sich auch durchgesetzt. Es gab durchaus auch immer wieder Männer, die sich für Belange der Frauen eingesetzt haben.

Bevor ich nach der deutschen Wiedervereinigung als Frauen- und Jugendministerin zur Debatte stand, war eine Teilung des Ministeriums vorausgegangen. Frau Lehr weiß das, denn sie übergab ihr Ressort sozusagen dreimal: an das Gesundheitsministerium, an das Ministerium für Familie und Senioren und an das Ministerium für Frauen und Jugend. Ich will einmal sagen: Liebe Hannelore Rönsch, wenn wir nicht zwei Frauen gewesen wären, die sich geschworen hatten, sich wirklich gut zu vertragen, dann wäre diese Teilung im Desaster geendet. Ich weiß nicht, ob zwei Männer das hinbekommen hätten, denn es gab wirklich sehr viele Überschneidungen und sehr viele gemeinsame Themen. Wir haben dennoch tapfer vier Jahre lang die Auffassung vertreten, dass es absolut sinnvoll sei, die wichtigen Bereiche Familie und Senioren sowie Frauen und Jugend jeweils einem eigenen Ministerium zuzuordnen, nur um dann nach vier Jahren – aber mit einer kleinen Pause dazwischen – mit ähnlicher Inbrunst zu sagen: Es war doch gut, dass die Ressorts wieder in einem Ministerium gebündelt wurden. Das muss man auch erst einmal schaffen. Seitdem haben wir ein gesellschaftspolitisches Ministerium. Davon haben dann ja auch unsere Nachfolgerinnen profitiert. Dem Bereich Gesundheit blieb ein eigenes Ministerium, was, wie ich glaube, auch gut ist.

Man könnte über einen Teil der Arbeit des Ministeriums, in dem jetzt seit 30 Jahren das Wort Frauen vorkommt, schreiben: Gut Ding will Weile haben. Frau Schwesig, ich hatte mir schon überlegt, das zu sagen, bevor Sie anfingen, vom Gesetz über Lohngerechtigkeit zu sprechen. Und dann habe ich darüber nachgedacht, ob ich es jetzt noch sagen darf. Ich sage es trotzdem: Gut Ding will Weile haben. Ich kenne den Koalitionsvertrag, Frau Schwesig; und ich hoffe, wir schaffen auch das noch.

Wenn man auf die 30 Jahre zurückblickt, muss man aber auch sagen, dass doch manches passiert ist. Ich glaube, Rita Süssmuth und andere mussten sich in der Arbeit der gesamten Bundesregierung noch ziemlich stark durchkämpfen. Heute, glaube ich, weiß man, dass man, wenn die Frauenministerin einen Wunsch hat oder die Familienministerin eine Vorgabe macht, daran nicht einfach vorbeikommt.

Ich will aus meiner Zeit als Frauenministerin nur sagen, dass die Zeit kurz nach der deutschen Wiedervereinigung natürlich eine sehr spannende war. Vielleicht haben sich nirgends sonst so viele Fragestellungen und unterschiedliche Herangehensweisen abgespielt als in dem ganzen Bereich Frauen und Familie. Mein größtes Nightmare-Erlebnis hatte ich, als ich in Pulheim fröhlich auftrat, dann aber eine Frau fragte, warum Frauen im Osten so viel Rente bekommen, und ich voller Selbstverständlichkeit sagte: Die haben ja auch gearbeitet. Da war natürlich was los im Saal. Ich hatte sozusagen unterschiedliche Lebensentwürfe von Ost und West in Sekunden internalisiert. Ich habe dann aber natürlich sofort gesagt, dass es in all den vielen Jahren in der alten Bundesrepublik nicht dazu gekommen ist, dass Familienarbeit in ähnlicher Weise gewürdigt wird wie andere Formen von Arbeit. Es ist ja bis heute noch ein Thema, dass wir ihr niemals in Heller und Pfennig voll gerecht werden können. Diese Frage führt uns aber in die Tiefe des gesamten Problems: Wer trägt was zum Familienleben bei und was resultiert daraus an staatlicher Unterstützung und auch für das Rollenverständnis von Männern und Frauen?

Bis heute ist für mich das Thema Elterngeld – ich glaube, Renate Schmidt hatte es vorbereitet – ein sehr wichtiges Thema. Ich weiß, dass manche sagen, dass sich das ja sehr dynamisch entwickelt und daher durchaus auch zu einem erheblichen Kostenfaktor geworden ist.

Aber mit dem Gesetz zum Elterngeld und zur Elternzeit haben wir zum ersten Mal *zwei* Dinge gemacht, die ich nach wie vor wichtig finde:

*Erstens* wird mit dem Elterngeld – unabhängig vom Einkommen beziehungsweise viel unabhängiger von Einkommen als Sozialleistungen – eine Leistung dafür gewährt, dass man sich für Familie entscheidet.

*Zweitens* ist es mit den Vätermonaten möglich geworden, dass sich in der Kleinkindphase viel mehr Väter für die Betreuung und Erziehung des Kindes entscheiden. Ich glaube, das ist von unschätzbarem Wert. Was hat man früher nicht alles gehört, nach dem Motto: Was werden die Männer wohl machen, wenn sie den ganzen Tag bei den Kindern sind? Das hat sich sehr gewandelt. Deshalb, finde ich, sind diese Vätermonate sehr wichtig. Sie führen dazu, dass das viel normaler wird.

Die Vätermonate haben zu etwas Weiterem geführt: Der Arbeitgeber kann nicht mehr einschätzen, was passiert, wenn eine Familie ein Kind bekommt. Bleibt die Frau zu Hause, bleibt der Mann zu Hause? Das ist eine nicht mehr zu berechnende Sache. Deshalb wandelt sich auch die Einstellung zu Frauen, die Kinder bekommen. Ich darf in diesem Zusammenhang auch aus dem Kanzleramt berichten. Ich will hier ja heute nichts schlechtmachen, aber als ich Bundeskanzlerin wurde, wurde noch jede schwangere Frau ins Mutterhaus, wie es hieß – oder Stammhaus, wenn man es neutral sagen will –, geschickt. Heute darf man auch im Kanzleramt schwanger sein, Kinder kriegen und wiederkommen – und die Welt bricht nicht zusammen; es funktioniert trotzdem. Man kann auch in Teilzeit arbeiten. Es gibt viele Dinge, die man arrangieren kann.

Ich will hier nicht auf alle Dinge eingehen, aber ich will noch eine Sache erzählen, die damals, als ich Ministerin wurde, auch sehr spannend war. Norbert Blüm, der heute nicht da ist, hatte immer gesagt, er wäre ein großer Freund der Frauen gewesen. Ich dachte mir dann: Du musst dich mit dem Mann verbünden; der hat in seinem Ressort so viel Geld und du ja so wenig. Ich wollte mich ihm vorstellen, bekam dann aber ausgerichtet: So wichtig sei mein Ressort nun auch nicht, dass er Zeit hätte, sich länger mit mir zu befassen. Das fand ich damals doch komisch. Peter Hintze als frauenbewegter Mann hat mir dann aber die Tür geöffnet. Als ich dann bei Norbert Blüm vorstellig wurde und sagte, ich hätte wegen der vielen arbeitslosen Frauen in den neuen Bundesländern gerne eine Änderung im Sozialgesetzbuch, und zwar dergestalt, dass Frauen entsprechend ihrem Anteil an der Arbeitslosigkeit auch an den arbeitsmarktpolitischen Maßnahmen beteiligt werden müssen, guckte er mich völlig entsetzt an und fragte, ob ich mich jetzt in seine Bereiche einmischen wolle oder was ich eigentlich wolle. Ich hatte damals mitbekommen: Wenn in Deutschland die IG Metall, die zumeist männliche Beschäftigte vertreten hatte, irgendetwas sagte, dann wurde das immer schnell umgesetzt – dann wurden ABM und dieses und jenes gemacht. Aber wenn die Textilindustrie Arbeitsplätze in den neuen Bundesländern abbauen musste, war die dahinter stehende Gewerkschaft – ich denke, sie nimmt es mir nicht übel, wenn ich das sage – nicht ganz so stark. Deshalb, so dachte ich, müssen wir als Gesetzgeber etwas tun und einen solchen Satz ins Sozialgesetzbuch aufnehmen. Ich habe zum Schluss anstatt des »müssen« ein schlappes »sollen« bekommen. So heißt es, glaube ich, heute noch im Sozialgesetzbuch. Man kann aber etwas daraus machen.

Das Beispiel zeigt jedenfalls auch, dass Frauenpolitik im Grunde in alle Bereiche hineingreift. Deshalb ist es gut, wenn wir möglichst viele Verbündete haben. Frau Schwesig hat soeben über das Sexualstrafrecht gesprochen. Das ist auch nur ein Beispiel für all die Fragen, die nicht allein im Bereich des Frauenministeriums geregelt werden können, sondern einen gesamtpolitischen Ansatz brauchen. – Da Frau Peschel-Gutzeit hier ist, fällt mir gerade noch ein: In dieser Woche war in einer von mir jetzt nicht zu nennenden Zeitschrift eine sehr interessante Geschichte über die Familiengerichtsbarkeit zu lesen; ein irres Thema, bei dem natürlich auch das Thema Frauen eine große Rolle spielt.

Ich sage all denen, die seit 30 Jahren oder auch noch nicht so lange mitwirken, einen herzlichen Glückwunsch und herzlichen Dank. Ich glaube aber, es bedarf noch eines weiteren Engagements von Ihnen allen. Deshalb ist es gut, dass Sie alle, die viel Gleiches verbindet – manchmal auch Streitiges –, heute Abend zusammen sind und diskutieren können. Das will ich abschließend noch sagen: Wenn es einmal zwischen Frauen hoch herging, habe ich immer angemerkt: Frauen sind auch Menschen; sie haben auch das Recht auf unterschiedliche Meinungen, auf unterschiedliche Vorstellungen. Es ist also auch eine Art von Diskriminierung, wenn man sagt, Frauen müssten immer alles gleich denken – und wehe, sie haben einmal besondere Ausprägungen. Auch Kristina Schröder hat darunter ja viel zu leiden gehabt. Wenn sie nicht das gesagt hat, von dem man glaubte, dass sie es sagen müsste, aber vielleicht doch etwas Interessantes gemeint hat, dann ging es sofort gegen sie los. Es ging vielen von uns schon einmal so. Ohne Gegenwind geht es eben auch nicht. Den wird es auch in Zukunft geben, aber es muss auch nicht zu viel davon sein.

Alles Gute und danke für die gute Idee, hier heute Abend zu feiern.

# »Jetzt ist es an uns, Ihr Vermächtnis zu bewahren«

## Beim Europäischen Trauerakt zu Ehren von Bundeskanzler a.D. Dr. Helmut Kohl

*1. Juli 2017 in Straßburg*

Sehr geehrte Präsidenten und Ministerpräsidenten,
Exzellenzen,
sehr geehrte Abgeordnete,
sehr geehrte Damen und Herren,
liebe Frau Kohl-Richter,
liebe Familie Kohl,

wir nehmen heute Abschied von Helmut Kohl, dem Kanzler der Deutschen Einheit, Karlspreisträger und Ehrenbürger Europas. Er, der einst als junger Mann Geschichte studierte, hat jetzt selbst einen Platz in den Geschichtsbüchern eingenommen. Helmut Kohl verkörpert eine Epoche. Er hat mit seiner Innen- und Außenpolitik Pflöcke eingeschlagen, die bis heute Halt bieten. Seine Bundeskanzlerschaft ist verbunden mit vielen Jahren wirtschaftlicher Prosperität.

Doch bei all dem verlor er nie den Blick für das große Ganze über Deutschland hinaus. Er dachte über den Tag hinaus. So hat Helmut Kohl Umbrüche mitgestaltet und entscheidend das Deutschland und das Europa mitgeschaffen, in dem wir alle heute leben. Vieles, was für uns selbstverständlich ist, geht auf ihn zurück. Dass Ost- und Westeuropa vereint sind, dass

Eine Trauerrede halten

wir einen gemeinsamen Markt haben, dass es keine Grenzkontrollen zwischen EU-Staaten gibt, dass die meisten dieser Staaten über eine gemeinsame Währung verfügen, dass es die Europäische Union in ihrer heutigen Form überhaupt gibt, all das ist und bleibt ganz wesentlich mit dem Namen Helmut Kohl verbunden.

Er hat eine ganze Generation geprägt. So manche Geister schieden sich an ihm. Nicht wenige haben sich an ihm abgearbeitet und gerieben. Viele von uns, auch ich, können davon erzählen. Doch das tritt zurück hinter dem überragenden Lebenswerk. Genau deshalb zollen ihm auch politische Kontrahenten Respekt.

Wie lässt sich das erklären? Was mir persönlich an Helmut Kohl besonders imponierte, das waren sein ausgeprägtes und feines Gespür für das politisch Machbare wie auch, und das ist eben kein Widerspruch, seine unerschütterlichen Überzeugungen, die ihn in seinen Entscheidungen leiteten. Auf Helmut Kohl war Verlass.

Von Anfang an holte er auch Menschen in seine Mannschaft, mit denen er manche in seiner Partei überraschte. Seinen Kabinettsmitgliedern ließ er durchaus weitgehend freie Hand, jedenfalls erheblich mehr, als Außenstehende denken mochten. Dies konnte ich auch erfahren.

Natürlich war es nicht immer leicht, mit eigenen Argumenten durchzudringen. Manchmal schien es sogar schier unmöglich. Aber er ließ es sich nie nehmen, seinen Kabinettsmitgliedern mit Rat und manchmal auch mit Tat beiseitezustehen, und zwar in ganz konkreten Lebenssituationen. Mir zum Beispiel half er 1992 nach einem schweren Beinbruch monatelang, ärztliche Behandlung mit meinem Ministeramt noch vereinbaren zu können. Ja, Helmut Kohl ging auf Menschen zu. Er interessierte sich für sie. Er suchte und pflegte enge Kontakte. So gelang es ihm, in Deutschland, in Europa und in der Welt verlässliche Beziehungen zu knüpfen, Vertrauen aufzubauen und Freundschaften zu schließen. Er war ein den Menschen zugewandter Weltpolitiker.

Als Helmut Kohl 1982 Bundeskanzler wurde, fuhr er als Erstes nach Paris. Ein Berater von Präsident François Mitterand berichtete später, dass sich die französische Seite zunächst in großer Zurückhaltung geübt habe, aber dann – ich zitiere: »waren wir sofort Feuer und Flamme«. Das persönliche, herzliche Verhältnis prägte und spiegelte zugleich das freundschaftliche deutsch-französische Verhältnis wider.

Tief in das Gedächtnis unserer Nationen eingeschrieben ist das Bild beider Staatsmänner, die Hand in Hand vor den Gräbern von Verdun standen. Diese Geste der Versöhnung und Verbundenheit markierte ein neues Kapitel gemeinsamer Geschichte. Helmut Kohl verstand es, Brücken zu bauen. Sie reichten nach Paris und Warschau, nach Washington und Moskau. Unermüdlich arbeitete er an einem guten Miteinander Deutschlands mit seinen Nachbarn und Partnern in der Welt.

Er hatte als Kind und Jugendlicher noch selbst den Zweiten Weltkrieg erlebt, das unermesslich große Leid, das Deutschland im Nationalsozialismus über Europa und die Welt gebracht hatte, und auch die Ängste in Bombennächten. Es waren gerade diese Erfahrungen, die ihn antrieben, sich schon in jungen Jahren in der neu gegründeten Christlich Demokratischen Union zu engagieren. Es waren diese Erfahrungen, in denen schließlich auch seine außenpolitische Maxime gründete, die unmissverständlich lautete: Wir müssen uns für ein Europa starkmachen, in dem es nie wieder Krieg gibt.

Dieses Denken in geschichtlichen Zusammenhängen prägte sein politisches Wirken. Zugleich bewahrte sich Helmut Kohl seine Bodenhaftung. Er blieb seiner Heimat, der Pfalz, ein Leben lang aufs Engste verbunden. Fest verwurzelt, wie er in dieser Region inmitten Europas war, hatte er auch einen besonderen Sinn für die Sicht und die Gefühle in unserer

Nachbarschaft, und das kam immer von Herzen. Das spürten seine Gesprächspartner. Sie wussten, dass sie sich auf ihn verlassen konnten. Was er sagte oder zusagte, dazu stand er ohne Wenn und Aber.

Als Helmut Kohl Bundeskanzler wurde, waren Deutschland und Europa geteilt. Eine bewaffnete Konfrontation auf europäischem Boden war stets ein präsentes Schreckensszenario. Am Ende seiner Amtszeit war Deutschland vereint und zum ersten Mal in seiner Geschichte mit allen seinen Nachbarstaaten in Frieden, Freiheit und Freundschaft verbunden. Der Weg zur Erweiterung der Europäischen Union und der NATO nach Mittel- und Osteuropa war bereits weitgehend geebnet. Die Einführung des Euros als gemeinsamer Währung war beschlossen.

Als Helmut Kohl 1982 Bundeskanzler wurde, habe ich in der DDR gelebt. Ich habe seine Tischrede beim Besuch Erich Honeckers 1987 in Bonn im Fernsehen gehört und gesehen, als er Honecker vor laufenden Kameras sagte – ich zitiere: »Die Menschen in Deutschland leiden unter der Trennung. Sie leiden an einer Mauer, die ihnen buchstäblich im Wege steht und die sie abstößt. Wenn wir abbauen, was Menschen trennt, tragen wir dem unüberhörbaren Verlangen der Deutschen Rechnung. Sie wollen zueinander kommen können, weil sie zueinander gehören.«

Diese Worte des Bundeskanzlers Helmut Kohl gaben uns in der DDR Kraft. Die Bürgerrechtsbewegung in Polen und anderen Staaten des einstigen Ostblocks sowie der neue Wind, der damals aus Moskau wehte, machten uns in der DDR Mut. Hunderttausende wagten sich auf die Straße, demonstrierten für Freiheit und brachten die Mauer zu Fall. Helmut Kohl war es, der die Einheit wollte, als andere noch zögerten oder gar abwinkten. Er machte sich daran, den Weg zur Einheit zu ebnen und hatte dabei stets die Interessen unserer Nachbarn und Partner im Blick. Seine tiefe europäische Überzeugung und das Vertrauen, das er weltweit genoss, halfen ihm, Sorgen und Bedenken gegenüber einem vereinten Deutschland zu zerstreuen. Das wird für immer die alles überragende einmalige historische Leistung Helmut Kohls bleiben. Gemeinsam mit seinen Partnern bettete er die deutsche Einheit in die europäische Einigung ein. Ein Werk des Friedens, ein Werk der Freiheit und ein Werk der Einheit.

Damit knüpfte er an Konrad Adenauer, Jean Monnet, Robert Schuman und andere große Europäer an. Europa ist das Werk von Generationen. Jede davon steht vor neuen Herausforderungen. Jede muss ihre eigenen Antworten finden, wie sie Europa zukunftsfest macht. Immer wieder kommt es dabei auf das an, was Helmut Kohl in besonderer Weise auszeichnete: auf das Wissen um die Geschichte, auf die Weitsicht, in langen Zeitlinien zu denken, auf die Nähe zu den Menschen, auf den Blick für das Machbare und das Zumutbare.

Heute gibt es eine Todesanzeige des Förderkreises »Denkmal für die ermordeten Juden Europas« für Helmut Kohl. Darin wird daran erinnert, was Helmut Kohl für dieses Denkmal in der Mitte Berlins geleistet hat. Es steht stellvertretend für sein Handeln. Er wird darin mit folgenden Worten zitiert, die er fand, als das Denkmal gegen heftigen Widerstand durchgesetzt werden musste: »Nicht die nächste Generation, sondern unsere muss es bauen. Wir, jetzt, heute, hier und nicht irgendwann.« Und so wurde es dann beschlossen im Deutschen Bundestag mit Zweidrittelmehrheit.

Wir werden Helmut Kohl nachher nach Deutschland zurückbegleiten. Sein Weg wird noch einmal durch seine Heimatstadt Ludwigshafen führen. Hier war er zu Hause, lange Jahre zusammen mit seiner ersten Frau Hannelore, die ihm in guten wie in schlechten Zeiten stets zur Seite stand. Wir gedenken auch ihrer in Dankbarkeit.

Liebe Frau Kohl-Richter, Sie haben Ihren Ehemann Helmut Kohl in all den letzten Jahren voller Hingebung und Liebe begleitet, bis zuletzt. Ihnen gehört mein Mitgefühl. Mein Mitgefühl gehört allen, die in Helmut Kohls Familie um ihn trauern.

Den Schlusspunkt finden die Trauerfeierlichkeiten heute in Speyer. Damit schlagen wir noch einmal den Bogen von Frankreich nach Deutschland, in die Heimat, in die Pfalz, vom Ehrenbürger Europas zum Kanzler der Einheit, als den wir Deutsche und viele andere ihn auf immer im Gedächtnis behalten werden. Ohne Helmut Kohl wäre das Leben von Millionen Menschen, die bis 1990 hinter der Mauer lebten, völlig anders verlaufen, natürlich auch meines.

Lieber Bundeskanzler Helmut Kohl, dass ich hier stehe, daran haben Sie entscheidenden Anteil. Danke für die Chancen, die Sie mir gegeben haben. Danke für die Chancen, die Sie vielen anderen eröffnet haben. Danke für die Chancen, die wir als Deutsche und Europäer durch Sie erhalten haben. Sie haben unendlich viel erreicht. Mögen Sie in Frieden ruhen. Jetzt ist es an uns, Ihr Vermächtnis zu bewahren. Ich verneige mich vor Ihnen und Ihrem Angedenken in Dankbarkeit und Demut.

# »Wir wollen unsere Welt schützen«

## UN-Klimakonferenz COP 23

*15. November 2017 in Bonn*

Sehr geehrter Herr Vorsitzender,
sehr geehrter Herr Generalsekretär der Vereinten Nationen,
sehr geehrter Herr Präsident, lieber Emmanuel Macron,
sehr geehrte Minister, Gäste, Exzellenzen,

ich möchte Sie alle ganz herzlich hier in Bonn – und damit in der Bundesrepublik Deutschland – willkommen heißen. Wir sind sehr stolz darauf, dass der Sitz des UN-Klimasekretariats hier in Bonn ist.

Wir sind hier zusammengekommen, weil wir vor einer, wenn nicht sogar vor der zentralen Herausforderung der Menschheit stehen. Der Klimawandel – alle, die hier im Raum sind, wissen das; aber ich rufe dies auch allen anderen zu – ist für unsere Welt eine Schicksalsfrage. Sie entscheidet über das Wohlergehen von uns allen. Sie entscheidet ganz konkret darüber, ob Menschen auch in Zukunft noch zum Beispiel auf den Pazifikinseln leben können. Es hat also eine ganz besondere Aussagekraft, dass die Republik Fidschi als Inselstaat die Präsidentschaft der COP 23 übernommen hat. Es ist uns in Deutschland eine Ehre, die Republik Fidschi hierbei zu unterstützen – das sage ich im Namen der ganzen Bundesregierung.

Unsere gemeinsame Botschaft lautet: Wir wollen unsere Welt schützen. Daher stehen wir zum Pariser Klimaabkommen. Daher – das ist jetzt die Aufgabe nach dem großen Erfolg, dass dieses Abkommen überhaupt zustande gekommen ist – müssen wir es jetzt gemeinsam umsetzen. Hierfür brauchen wir ein geeignetes Regelwerk. Genau daran wird ja auf dieser Konferenz gearbeitet. Es geht um Vertrauen und es geht um Verlässlichkeit in dem gemeinsamen Bemühen um dringend notwendige Fortschritte im Klimaschutz. Dazu soll auch der »Talanoa Dialog« dienen.

Wir in Europa wissen um unsere Verantwortung. Das europäische Ziel, das Ziel der Europäischen Union, die Treibhausgasemissionen gegenüber 1990 um mindestens 40 Prozent bis 2030 zu senken, setzen wir in der Europäischen Union rechtsverbindlich um. Jeder Mitgliedstaat der Europäischen Union muss dazu seinen Beitrag leisten. Für Europa bedeutet das, dass wir dazu die entsprechenden Regeln setzen müssen, zum Beispiel im Emissionshandel. Hierbei haben wir in der letzten Woche eine wichtige Einigung erreicht. Das Instrument wird auf das Ziel der Europäischen Union ausgerichtet. Dabei werden jetzt vor allen Dingen Zertifikate aus dem Handel herausgenommen, um den Preis zu einem wirksamen Signal entwickeln zu können. Die Mitgliedstaaten der Europäischen Union haben sich auf die Aufteilung des gemeinsamen Ziels geeinigt. Jeder weiß, welchen Beitrag er zu leisten hat.

Mit dem Klimaschutzplan 2050 hat Deutschland seine mittel- und langfristige Strategie festgelegt. Wir wollen bis Mitte des Jahrhunderts weitgehende Treibhausgasneutralität erreichen und zwischen 80 und 95 Prozent der $CO_2$-Emissionen einsparen. Der nächste Schritt ist, diese Strategie mit konkreten Maßnahmen auszufüllen. Ich will hier ganz offen sprechen: Das ist auch in Deutschland nicht einfach. Wir haben uns Ziele für 2020, 2030 und eben auch 2050 vorgenommen. Unser Ziel für 2020 ist ein ehrgeiziges Ziel, nämlich eine Reduktion um 40 Prozent bezogen auf 1990. Jetzt, gegen Ende des Jahres 2017, wissen wir, dass uns dahin noch ein ganzes

Stück fehlt. Gerade auch in den Gesprächen zur Bildung einer neuen Regierung spielt diese Frage in diesen Tagen eine zentrale Rolle. Dabei geht es auf der einen Seite um die Erfüllung dessen, was wir uns vorgenommen haben. Dabei geht es auf der anderen Seite aber auch um soziale Fragen und Arbeitsplätze zum Beispiel im Zusammenhang mit der Frage der Reduktion der Kohle. Dabei geht es auch um Wirtschaftlichkeit; das heißt, um die Bezahlbarkeit von Energie.

Ich will Ihnen nur sagen, dass auch in einem reichen Land, wie wir es sind, natürlich erhebliche Konflikte in der Gesellschaft vorhanden sind, die wir vernünftig und verlässlich lösen müssen. Es sind harte Diskussionen. Wir wissen, dass Deutschland als ein Land, das noch in hohem Maße Kohle, insbesondere Braunkohle, verwendet, natürlich einen wesentlichen Beitrag leisten muss, um die Ziele zu erfüllen. Aber wie genau, darüber werden wir in den nächsten Tagen miteinander präzise diskutieren müssen.

Wir haben während der deutschen G7-Präsidentschaft 2015 den gemeinsamen Willen bekräftigt, als Industriestaaten insgesamt den Weg der Dekarbonisierung zu gehen. Ich bin davon überzeugt, dass die Industriestaaten einen sehr speziellen und großen Beitrag leisten müssen, weil sie die Fähigkeit zu den notwendigen technologischen Entwicklungen haben, die Maßstäbe setzen können, aber natürlich auch, weil sie eine historische Verantwortung haben und zum $CO_2$-Anstieg weltweit wesentlich beigetragen haben.

In diesem Jahr haben wir in unserer G20-Präsidentschaft den G20-Aktionsplan zu Klima und Energie für ein nachhaltigeres Wirtschaftswachstum beschlossen. Auch die OECD hat deutlich gemacht, worum es geht: Nur wenn wir die umfangreichen Investitionen auch klimafreundlich ausrichten, können wir unseren Wohlstand in Zukunft sichern. Deshalb sind wir der Überzeugung, dass Klimapolitik auch zukunftsorientierte Wirtschaftspolitik ist. Denn die Bewahrung unserer

Lebensgrundlagen ist ja die Voraussetzung dafür, dass wir überhaupt erfolgreich wirtschaften können. Vor diesem Hintergrund hat sich auch in den Vereinigten Staaten von Amerika ein breites Bündnis aus zahlreichen Staaten, Städten und Unternehmen formiert, das die Verpflichtung »America's Pledge« vorgelegt hat. Ich möchte das sehr begrüßen, denn es unterstreicht die Bedeutung des Klimaschutzes in weiten Teilen der USA, ungeachtet der Entscheidung von Präsident Trump, aus dem Klimaabkommen von Paris auszusteigen.

Dies alles geschieht ja auch in der Überzeugung, dass die Transformation hin zu einer emissionsarmen Wirtschaftsweise – richtig angelegt – große Wachstumschancen bietet. Erneuerbare Energien, ressourcen- und kostensparende Effizienztechnologien, klimaschonende Neuerungen im Gebäudebereich und im Verkehr – das und anderes mehr wird auf den Märkten weltweit an Bedeutung gewinnen. Ich darf Ihnen sagen, dass in Deutschland erneuerbare Energien bereits die stärkste Säule der Energieversorgung ist und dass wir erleben, dass in einem relativ schnellen Tempo die Unterstützung für erneuerbare Energien steigt und deren Marktreife immer schneller erreicht wird.

Die Innovationschancen sollen selbstverständlich möglichst allen Ländern auf der Welt zugutekommen, gerade auch den ärmeren. Daher steht Deutschland gemeinsam mit den anderen Industrieländern zu der Zusage, Entwicklungsländer ab 2020 jährlich mit 100 Milliarden US-Dollar an öffentlichem und privatem Kapital zu unterstützen. Das ist auch der Grund dafür, warum wir in Deutschland eine Verdoppelung der öffentlichen Klimafinanzierung bis 2020 vorgesehen haben.

Aber es kommt neben öffentlichen Investitionen gerade auch auf private Investitionen an. Wir alle gemeinsam sind gefordert, die geeigneten Rahmenbedingungen zu schaffen, um auch wirklich Privatkapital für die Klimafinanzierung zu mobilisieren. In diesem Zusammenhang spielen natürlich die

Entwicklungsbanken und die Weltbank eine wichtige Rolle. Wir alle als Mitgliedstaaten sollten diese Rolle stärken. Daher kann ich es nur begrüßen, dass Staatspräsident Macron gemeinsam mit dem UN-Generalsekretär und dem Präsidenten der Weltbank zu einem Gipfel mit dem Schwerpunkt Klimafinanzierung in Paris am 12. Dezember eingeladen hat. Wir alle wissen, dass der 12. Dezember für Paris und den Klimaschutz ein ganz spezielles, magisches Datum ist. Auch deshalb sollte diese Konferenz ein Erfolg werden.

Bei der Konferenz hier in Bonn stehen die drohenden Risiken und die Anpassung an den Klimawandel im Mittelpunkt. Wir haben auf der einen Seite schmelzende Gletscher, steigende Meeresspiegel und Überschwemmungen und auf der anderen Seite Stürme, unerträgliche Hitze, Dürrekatastrophen. Niemand – ich sage: niemand – darf und kann das ignorieren. Wenn wir uns zudem die wachsende Weltbevölkerung vor Augen führen, wissen wir: Zunehmende Konflikte um natürliche Ressourcen sind geradezu vorprogrammiert, wenn wir beim Klimaschutz nichts tun. Deutschland hat sich deshalb auch im Sicherheitsrat der Vereinten Nationen stets dafür ausgesprochen, Sicherheitsaspekte des Klimawandels viel stärker in den Blick zu nehmen. In diesem Sinne wird sich Deutschland auch weiter engagieren.

Um Entwicklungsländer zu unterstützen, damit sie sich an nicht mehr vermeidbare Folgen des Klimawandels anpassen können, hat Deutschland im Jahr 2016 1,4 Milliarden Euro zur Verfügung gestellt. Wir bringen dieses Jahr zusätzlich noch 100 Millionen Euro für den Anpassungsfonds auf, damit wir den am wenigsten entwickelten Ländern bei dieser schwierigen Aufgabe helfen können.

Es freut mich, dass wir gestern mit der Weltbank eine globale Partnerschaft für Klimarisikoversicherungen in Entwicklungsländern als eine gemeinsame Initiative der G20 und der vom Klimawandel besonders betroffenen Länder gegründet haben. In dieser Vereinbarung spiegeln sich zwei Dinge wider: Auf der einen Seite, dass Versicherungslösungen eine verlässliche, dauerhafte, gute Möglichkeit sein können, um Risiken abzufedern; auf der anderen Seite ist es für uns wichtig, dass wir dies gemeinsam mit den betroffenen Ländern vereinbart haben, denn es geht darum, dass wir auf Augenhöhe miteinander arbeiten und unsere Erfahrungen gegenseitig immer wieder mit einbringen. Eine gute Nachricht ist auch, dass die von Marokko und Deutschland initiierte »Nationally Determined Contributions«-Partnerschaft mittlerweile auf über 70 Länder angewachsen ist.

Vor zwei Jahren ist etwas gelungen, das wir uns in Kopenhagen noch nicht vorstellen konnten. Aber wir wissen: Das Pariser Abkommen ist ein Ausgangspunkt. Wir wissen auch: Mit den heutigen nationalen Verpflichtungen werden wir das Zwei-Grad- oder das 1,5-Grad-Anstiegsziel nicht einhalten können. Deshalb ist jeder einzelne Beitrag unglaublich wichtig. Deshalb ist es wichtig, dass wir uns gegenseitig offen zeigen, dass wir unsere Beiträge vergleichbar machen. Deshalb muss von dieser Konferenz ein Signal der Ernsthaftigkeit ausgehen, dass wir das Pariser Abkommen als Anfang sehen und dass die Arbeit damit erst richtig losgegangen ist. Die täglichen Wetterereignisse und Klimakatastrophen auf der Welt zeigen uns, wie drängend die Sache ist. Daher heißt es jetzt, unseren Worten auch Taten folgen zu lassen. Wir in Deutschland werden uns bemühen, auch wenn das viele Kontroversen hervorruft. Deshalb bin ich auch nicht leichtfertig, wenn ich anderen sage: Tut etwas. Ich weiß, wie schwer es auch im eigenen Land ist, das zu erkämpfen.

Daher wünsche ich allen, die sich für den Klimaschutz engagieren – sei es, dass Sie als Vertretung Ihrer Staaten hier sind, sei es, dass Sie sich als Nichtregierungsorganisationen für dieses Ziel starkmachen –, guten Mut, guten Willen und viel Tatkraft. Vielen Dank.

# »Über die Notwendigkeit von Toleranz«

## Im Rahmen des 500. Jahrestages der Reformation

*31. Oktober 2017 in der Lutherstadt Wittenberg*

Sehr geehrter Herr Bundespräsident,
sehr geehrte Herren Präsidenten,
liebe Festgemeinde,
Exzellenzen,
meine Damen und Herren,

wir erinnern heute an den Beginn der Reformation vor 500 Jahren – daran, dass der streitbare Augustinermönch Martin Luther sich damals entschloss, seine Überzeugungen in 95 Thesen öffentlich zur Diskussion zu stellen. Martin Luther redete vielen Menschen ins Gewissen – Menschen, denen bis dahin vielleicht der eigene Mut oder auch die eigenen Worte gefehlt hatten, um Zweifel und Unbehagen gegenüber geltenden dogmatischen Regeln zum Ausdruck zu bringen.

Ob sich der Thesenanschlag am 31. Oktober 1517 an die Tür der Schlosskirche zu Wittenberg historisch tatsächlich genau so zugetragen hat, wie es überliefert ist, wissen wir nicht mit ganzer Sicherheit. Gewiss aber ist: Mit seinen Thesen brachte Martin Luther einen Stein ins Rollen, der sich nicht mehr aufhalten ließ und die Welt für immer verändern sollte. Ob Politik und Recht, ob Sprache und Soziales, ob Kunst und

Kultur – kaum ein Lebensbereich blieb von der von Martin Luther ausgelösten Reformation unberührt, und zwar weit über Deutschland und Europa hinaus. Nicht von ungefähr wird die Reformation deshalb auch eine »Weltbürgerin« genannt.

Dennoch war die Reformation primär zunächst eine religiöse Erneuerungsbewegung, die auf eine grundlegende Neubestimmung der Beziehung des Menschen zu Gott, zu sich selbst und zu den Mitmenschen zielte. In den Mittelpunkt rückte die befreiende Botschaft, wonach allein aus Gnade und durch Glauben der Mensch vor Gott gerecht wird. Er kann sich die Gnade Gottes nicht erkaufen oder durch Leistung erwirken, sie wird ihm als Glaubenden geschenkt.

Mit dieser Überzeugung sahen sich die Reformatoren befreit von der Bevormundung kirchlicher Obrigkeiten und in der Folge auch weltlicher Hierarchien. So entwickelte sich ein Verständnis vom Menschen, das die Neuzeit entscheidend prägen sollte: das Verständnis des zur Freiheit berufenen mündigen Menschen, der für sich und für andere Verantwortung trägt.

Das kommt in wunderbarer Weise in dem Lied zum Ausdruck, das wir heute gesungen haben – »Ein feste Burg ist unser Gott« –, das von Luther mit Bezug auf Psalm 46 geschrieben wurde. Die Kernaussage – Gott soll und kann unsere Festung sein – ist der Grund dafür, dass dieses zu einem protestantischen Bekenntnislied avancierte und von Heine 1834 als »Marseiller Hymne der Reformation« bezeichnet wurde.

Auf diesem Verständnis vom Menschen baut im Grunde jegliche demokratische Ordnung auf. Auch wenn natürlich keine direkte Linie von der Reformation zur Demokratie und zu einem Verfassungsstaat, wie wir ihn heute kennen, gezogen werden kann, erwies sich die Reformation mit dem ihr zugrunde liegenden Freiheitsverständnis als treibende Kraft im fortwährenden Prozess gesellschaftlicher und politischer Erneuerung. Daher gilt es, ihr geistesgeschichtliches, kulturelles und religiöses Erbe wachzuhalten – zumal die Reformation auch im 21. Jahrhundert aus dem Glauben heraus wichtige Anstöße für die Gestaltung des gesellschaftlichen Miteinanders bietet.

Genau deshalb ist es auch so wichtig, das Jubiläum zum Anlass für eine intensive gesellschaftliche Auseinandersetzung mit der Reformation zu nehmen. Die Vielzahl und die Vielfalt der Veranstaltungen im ganzen Land, die ein sehr reges Interesse gefunden haben, gaben und geben davon Ausdruck. Sie waren und sind beeindruckend. Ich danke allen, die sich hier eingebracht haben, oft auch mit großer Leidenschaft. In besonderer Erinnerung ist mir der Versöhnungsgottesdienst in Hildesheim – ein besonderes Zeichen der Ökumene, ungeachtet all dessen, was Katholiken und Protestanten auch heute noch trennt. Danke auch noch einmal für die heutige Übergabe des Kreuzes.

Neben den Kirchen, Ländern, Kommunen und unzähligen zivilgesellschaftlichen Akteuren hat auch die Bundesregierung verschiedenste Kultur- und Bildungsprojekte unterstützt. Die Beteiligung an der Vorbereitung und Durchführung des Reformationsjubiläums war und ist Ausdruck unseres Bestrebens, über dieses Jubiläum hinaus auch allgemein ein reiches und lebendiges religiöses Leben in Deutschland zu ermöglichen. Dabei gilt der verfassungsrechtliche Schutz der Glaubens- und Bekenntnisfreiheit sowie der ungestörten Religionsausübung für alle Gläubigen und jede Religionsgemeinschaft.

So wie Glaubensfreiheit stets vor religiösem Fanatismus geschützt werden muss, so erfordert Glaubensfreiheit umgekehrt zugleich, Religionen vor Geringschätzung zu schützen. Ich halte den Einsatz für Religionsfreiheit – hierzulande wie auch weltweit – für eine gemeinsame Aufgabe von Politik und Kirchen. Das widerspricht keineswegs der nach unserem Staatsverständnis notwendigen Trennung von Politik und Kirchen; im Gegenteil. Denn auch wenn unser Staat ohne jeden Zweifel der religiösen oder weltanschaulichen Neutralität verpflichtet ist, so kann und darf sich Politik von ihrer Verantwortung nicht freimachen, ein gemeinsames Wertefundament zu schützen und zu bewahren, das unerlässlich für ein gedeihliches und friedliches Miteinander ist – innerhalb eines Landes genauso wie zwischen Nationen. Unser Staat ist dem universellen Auftrag verpflichtet, die Würde des Menschen zu achten und zu schützen. Daraus leitet sich neben anderen Freiheitsrechten unseres Grundgesetzes auch der Auftrag ab, Religionsfreiheit zu achten und zu schützen.

In Deutschland leben und arbeiten Menschen unterschiedlicher Glaubensrichtungen und Weltanschauungen. Dass sie einander offen begegnen, füreinander da sind und miteinander Verantwortung für ihr Gemeinwesen übernehmen, ist wesentliche Voraussetzung dafür, als Gesellschaft insgesamt eine gute Entwicklung zu nehmen – und das heißt, dem Zusammenhalt unserer Gesellschaft zu dienen. Dies klingt beinahe banal, aber das ist es nicht. Es ist vielmehr das Ergebnis eines Jahrhunderte währenden und zum Teil sehr leidvollen Lernprozesses. Wir haben ja nicht vergessen, dass die Reformation nicht der Auftakt zu einer identitätsstiftenden Friedens- und Freiheitsgeschichte war, sondern dass ihr zunächst eine lange Konfliktgeschichte folgte, in der die Konfessionskriege furchtbares Leid über Europa brachten. Gleichwohl zwangen diese Auseinandersetzungen schließlich auch dazu, nach tragfähigen, also nach menschlichen Lösungen und Regulierungsansätzen für das Zusammenleben der verschiedenen Konfessionen zu suchen. Die Reformation hat also mittelbar dazu geführt, Glaubensfragen in einer säkularen Ordnung als staatlich garantierte Rechtsverhältnisse zu fassen.

Wir wissen, dass die reformatorische Entdeckung der Freiheit eines Christenmenschen erst einmal nicht die Glaubensfreiheit gemeint und diese schon gar nicht akzeptiert hatte. Es war für die Reformatoren unvorstellbar, dass unterschiedliche Glaubens- und Wahrheitsvorstellungen nebeneinander bestehen könnten. Die Reformatoren blieben hier insofern dem Mittelalter verhaftet. Luthers Ausfälle gegen Andersdenkende und Andersglaubende, insbesondere gegen Juden, sind dafür ein ebenso beredtes wie beschämendes Zeugnis. Ich begrüße es deshalb sehr, dass das Reformationsgedenken die Auseinandersetzung auch damit gefördert hat.

Es ist unverzichtbar, sich diese jahrhundertelange Lerngeschichte zu vergegenwärtigen, wenn wir heute in unseren offenen Gesellschaften, in einer globalisierten Welt über die Notwendigkeit von Toleranz sprechen. Wer Vielfalt bejaht, muss Toleranz üben. Das ist die historische Erfahrung unseres Kontinents. Mühevoll wurde gelernt, dass die Grundlage für ein friedliches Zusammenleben in Europa die Toleranz ist. Wir haben also gelernt, dass Toleranz die Seele Europas ist. Sie ist das Grundprinzip jeder offenen Gesellschaft. Ohne Toleranz kann es keine offene Gesellschaft geben.

Doch in der globalisierten Welt wird das Anerkennen von Pluralität, der Umgang mit Heterogenität und religiöser wie kultureller Vielfalt zu einer zentralen Herausforderung. Denn auch heute erleben wir, dass auf der Welt überall dort, wo es um Religionsfreiheit schlecht bestellt ist, auch die gesellschaftliche Entwicklung insgesamt Schaden nimmt. So lehrt uns also die Geschichte, wie wichtig es ist, Religionsfreiheit und Toleranz stets zusammen zu denken. Das heißt konkret: Auch wenn Glaubensüberzeugungen eigenen Ansichten widersprechen, gilt es, sich bewusst zu machen, dass sie für andere von zentraler Bedeutung sind. Daher ist sicherzustellen, dass jeder nach seinen religiösen Überzeugungen leben kann, ohne dass er Diskriminierung befürchten muss. Aber – und das muss ebenso eindeutig klar sein – funktionieren kann das nur, wenn wir uns auf dem Boden allgemein anerkannter Regeln bewegen, die wechselseitig für alle gelten. Ganz einfach gesagt:

Toleranz endet dort, wo unsere grundgesetzlich verbürgten Freiheitswerte und Menschenrechte missachtet oder gar mit Füßen getreten werden.

Die Politik hat selbstverständlich eine große Verantwortung für ein gemeinsames Bewusstsein unserer grundlegenden Werte und Normen. Zugleich ist die Rolle der Kirchen hierfür von überragender Bedeutung. Mit ihrer hoffnungsfrohen, dem Menschen zugewandten Botschaft können sie den Blick für das Verbindende schärfen – gerade auch über Religionsgrenzen hinweg.

Oft jedoch wissen wir zu wenig voneinander. Und gerade aus Unkenntnis drohen allzu leicht Vorurteile und Ressentiments zu erwachsen. Deshalb sind Gelegenheiten für Austausch und Begegnung gerade auch für einen interreligiösen Dialog so wichtig. Gelingen kann dieser interreligiöse Dialog, wenn man sich des eigenen Glaubens vergewissert, um sich auf dieser Grundlage umso selbstbewusster mit anderen Religionen zu befassen. Diesem Ziel kann religiöse Bildung dienen. Diesem Ziel haben die vielen Veranstaltungen im Jahr des Reformationsjubiläums und in den Jahren davor gedient, ganz besonders der Evangelische Kirchentag im Frühjahr dieses Jahres.

Religiöse Bildung – sei es in der Familie, im Religionsunterricht oder im Theologiestudium – ist eine Gemeinschaftsaufgabe. Sie stellt sich Kirchen und Religionsgemeinschaften, Regierungen und Bildungseinrichtungen sowie Medien und der Zivilgesellschaft. Religiöse Bildung – sie war auch ein Grundanliegen der Reformation. Mit der Bibelübersetzung Luthers und der Entwicklung einer einheitlichen deutschen Schriftsprache wurde die Heilige Schrift für die breite Bevölkerung überhaupt erst verstehbar. Ihr bot die Bibel dank der Erfindung und Verbreitung des Buchdrucks auf einmal einen begreifbaren Zugang zu den Kernstücken des Glaubens. Im Sinne des Priestertums aller Gläubigen konnte und sollte jeder

Christ und jede Christin mündig und urteilsfähig im Glaubensleben und in der Glaubensvermittlung werden. Aus diesem Gedanken entwickelte sich eine neue gesellschaftliche Bildungsverantwortung. Bildung wurde über theologische Fragen hinaus als wichtige Grundlage für alle Lebensbereiche erkannt.

Philipp Melanchthon, der große Gelehrte und Mitstreiter Luthers, brachte dies mit seiner bekannten Feststellung wie folgt auf den Punkt: »Wenn auf eure Veranlassung hin eure Jugend gut ausgebildet ist, wird sie eurer Vaterstadt als Schutz dienen; denn für die Städte sind keine Bollwerke oder Mauern zuverlässigere Schutzwälle als Bürger, die sich durch Bildung, Klugheit und andere gute Eigenschaften auszeichnen.« So setzte ein bis dahin nicht gekannter Bildungsaufbruch ein, beflügelt auch durch die Erfindung des Buchdrucks. Bevölkerungsschichten, für die das zuvor undenkbar gewesen war, bekamen von nun an Zugang zu Bildung. Völlig neue Perspektiven für die persönliche und die gesellschaftliche Entwicklung eröffneten sich.

Chancengerechtigkeit, Bildung für alle und die Bedeutung von Bildung für das Gemeinwohl sind auch heute Gegenstand der öffentlichen Diskussion und von allergrößter Wichtigkeit. Dies beginnt bei Kindern in Kindergärten und Schulen. Jeder Junge und jedes Mädchen soll seine Chance bekommen, und zwar unabhängig von sozialer oder familiärer Herkunft. Um Fähigkeiten zu lernen und zu entfalten, muss manchen Kindern etwas mehr Unterstützung gegeben werden als anderen – zum Beispiel wenn der Rückhalt der Eltern fehlt. Auch gilt es, Kinder aus Flüchtlingsfamilien zu integrieren, die oft Furchtbares erlebt und durchgemacht haben. Nach der Schule stellen sich dann Fragen zur beruflichen und Hochschulausbildung und schließlich zu den Möglichkeiten der Fort- und Weiterbildung. Es kommt dabei nicht nur auf gute Angebote und Ausstattungen der Einrichtungen an, sondern auch auf Durchlässigkeit, damit etwa nach einer beruflichen Qualifikation auch ein Studium möglich ist oder umgekehrt.

Seit jeher ist den Kirchen die Förderung von Bildung ein großes Anliegen. Dazu gehört auch für sie, offen für neue Entwicklungen zu sein, die nicht zuletzt der digitale Fortschritt mit sich bringt und bei denen die Förderung eigenständigen Denkens und kritischer Urteilsfähigkeit gefragt ist. Das, was wir heute mit der Digitalisierung erleben, ist genauso ein Durchbruch wie damals die Erfindung des Buchdrucks.

Mit der schier unendlichen Vielfalt an Informationen wächst bei nicht wenigen Menschen zugleich der Wunsch nach Orientierung, nach Halt – bei einigen auch der Wunsch, sich abzuschotten oder sich auf nur sehr wenige Informationsquellen zu beschränken. Weil das aber die Gefahr birgt, die Welt nur noch sehr selektiv wahrzunehmen, reicht es nicht zu lernen, wie man Computer programmiert und bedient, wie man sich in der Smart Factory beruflich bewährt und sich im Smart Home heimisch fühlt. Vielmehr muss der Erwerb von Medienkompetenz hinzukommen. Das meint nichts anderes, als dass jeder und jede Einzelne so früh wie möglich lernen sollte, sich in der Vielfalt der Angebote zurechtzufinden, Wichtiges von weniger Wichtigem und Seriöses von Unseriösem zu unterscheiden. Genau das entspricht einmal mehr unserem Verständnis des zur Freiheit berufenen mündigen Menschen.

»Ein Christenmensch ist ein freier Herr über alle Dinge und niemand untertan. Ein Christenmensch ist ein dienstbarer Knecht aller Dinge und jedermann untertan.« Mit diesen Worten beginnt Luthers Freiheitsschrift. So paradox beide Aussagen im ersten Augenblick auch klingen mögen, so überzeugend ist doch der Grundsatz, der diese Sätze Luthers verbindet. Es ist der Grundsatz, dass jeder und jede Einzelne das Recht auf freie Entfaltung seiner Persönlichkeit hat und dabei stets an die Verantwortung für sich und andere gebunden ist.

Das ist Freiheit in Verantwortung. Sie ist ein unverzichtbarer Maßstab unseres Handelns. Freiheit in Verantwortung lässt uns nicht blindlings darauf vertrauen, dass sich schon andere finden werden, die sich um das Gemeinwohl kümmern. Freiheit in Verantwortung fordert uns heraus, selbst Ideen, Kreativität und Kraft einzubringen. Freiheit in Verantwortung ist Grundlage dafür, dass es in unserer Gesellschaft gerecht zugeht.

Dabei vergessen wir nicht, dass bei allem Tun und Lassen der Mensch immer unvollkommen bleibt. Wir machen Fehler. Aber ich finde es sehr befreiend zu wissen, dass wir an unserer Unvollkommenheit nicht zerbrechen müssen, weil Gott uns seine Gnade und Liebe schenkt. Er schenkt uns seine Gnade und Liebe im täglichen und fortwährenden Bemühen um das, was uns zusammenhält und trägt. Rechtsstaatlichkeit, Glaubensfreiheit, Meinungsfreiheit – das sind hohe Güter, die uns tragen. Sie müssen Tag für Tag mit Leben gefüllt werden. Sie können Tag für Tag mit Leben gefüllt werden. Die reformatorische Haltung ermutigt uns dabei: Die Zukunft ist offen – nehmt Eure Verantwortung ernst. Veränderung zum Guten ist möglich.

So bin ich auch dankbar für die großartige Chance, die uns das Reformationsjubiläum bietet, unsere christlichen Wurzeln im gesellschaftlichen Bewusstsein zu stärken. Diese Aufgabe wird auch nach dem Reformationsjahr und dem heutigen Jubiläum bleiben, vielleicht noch stärker als in der Vergangenheit. Daran sollten wir spätestens wieder denken, wenn wir in der kommenden Weihnachtszeit »Vom Himmel hoch, da komm ich her«, Luthers Lied mit seinen 15 Strophen, singen. Herzlichen Dank.

# »Deutschland, das sind wir alle«

## Regierungserklärung vor dem Bundestag

*21. März 2018 in Berlin*

Herr Präsident!
Liebe Kolleginnen und Kollegen!
Meine Damen und Herren!

Vor fast sechs Monaten, am 24. September 2017, wurde ein neuer Bundestag gewählt. Vor einer Woche wurde endlich die neue Regierung der Großen Koalition von CDU, CSU und SPD vereidigt. Gespräche zur Bildung einer sogenannten Jamaika-Koalition waren zuvor gescheitert. Der Regierungsbildungsprozess hat 171 Tage gedauert, so lange wie noch nie in der Geschichte der Bundesrepublik Deutschland.

Schon allein diese schwierigen Umstände deuten darauf hin, dass sich in unserem Land ganz offenkundig etwas verändert hat, und das alles, obwohl unser Land gut dasteht, obwohl wir die höchste Zahl der Erwerbstätigen seit der Wiedervereinigung haben, obwohl die Arbeitslosigkeit nachhaltig sinkt, die Steuereinnahmen in Bund, Ländern und Kommunen steigen, obwohl die Investitionen zugenommen haben, wir in den vergangenen Jahren keine neuen Schulden aufgenommen haben und obwohl wir mehr Geld für Bildung und Forschung ausgeben.

Obwohl unser Land also gut dasteht, ja mehr noch, obwohl es uns wirtschaftlich so gut wie noch nie seit der Wiedervereinigung geht, machen sich viele Menschen Sorgen um die Zukunft, ist der Ton der Auseinandersetzung rauer geworden, ist der Respekt vor unterschiedlichen Meinungen zurückgegangen, ist die Angst vor falschen Informationen gewachsen, sind die Sorgen um den Zusammenhalt unserer Gesellschaft größer geworden, den Zusammenhalt der Älteren und Jüngeren, von Ost und West, Stadt und Land, von Menschen, die über Generationen hier leben, und denjenigen, die als Migranten und Flüchtlinge zu uns gekommen sind. Die Frage, wie gut unser Rechtsstaat eigentlich funktioniert, die Frage, ob die soziale Marktwirtschaft ihr Wohlstandsversprechen auch in Zukunft halten kann, bewegt viele Menschen. Das haben auch die Parteien, die die Regierung tragen, also CDU, CSU und SPD, durch erhebliche Verluste im Wahlergebnis der Bundestagswahl zu spüren bekommen.

All das hat uns bei den Verhandlungen zur Regierungsbildung umgetrieben. Uns hat während der Koalitionsverhandlungen die Frage beschäftigt, wie wir nach vier Jahren in der letzten Großen Koalition in dieser besonderen Situation unseres Landes die richtigen Antworten geben können.

Es ist vollkommen unbestritten, dass unter den vielfältigen Herausforderungen der letzten Jahre – ich nenne nur die Probleme der Euro-Zone und den Kampf gegen den internationalen Terrorismus – die vielen zu uns geflohenen Menschen vor allem aus Syrien, dem Irak und aus Afghanistan in den Jahren 2015 und 2016 unser Land in beispielloser Weise gefordert haben. Und nicht nur gefordert; vielmehr hat die Debatte über diese Entwicklung, die Debatte über den richtigen Weg, wie in einer akuten Situation zu handeln ist und wie wir langfristig die Integration bewältigen können, unser Land bis heute gespalten und polarisiert, und zwar so sehr, dass ein an sich unglaublich banaler Satz wie »Wir schaffen das!«, den ich im August 2015 gesagt habe und den ich zuvor mehr oder weniger wortgleich in meinem ganzen politischen Leben, auch privat, in allen möglichen inhaltlichen Zusammenhängen schon unzählige Male gesagt hatte, zu einer Art Kristallisationspunkt dieser Auseinandersetzung werden konnte. Der Streit um diesen eigentlich so banalen Satz steht seither geradezu symptomatisch dafür, was unser Land und wir gemeinsam schaffen können, und vor allem auch, was wir gemeinsam schaffen wollen, auch und gerade angesichts einer weltweiten Fluchtbewegung, der größten seit dem Zweiten Weltkrieg, und angesichts dessen, was unser Land ausmacht und was unser Land prägt.

Führen wir uns noch einmal kurz vor Augen, was passiert ist. Vor sieben Jahren begann der so verheerende syrische Bürgerkrieg, ein Krieg, der Hunderttausende das Leben kostete, ein Krieg, der die Hälfte des syrischen Volkes zu Flüchtlingen gemacht hat. Hinzu kamen das Wüten des IS im Irak und in Syrien sowie der Zerfall der staatlichen Ordnung Libyens. Im Kern waren all das Folgen des zunächst mit so vielen Hoffnungen begleiteten Arabischen Frühlings. All das waren und sind Entwicklungen nicht irgendwo, sondern direkt vor der Haustür unserer Europäischen Union.

Zur ganzen Wahrheit gehört, dass wir – ich sage: auch ich – und viele unserer Partner in der EU und der NATO zu lange zu halbherzig reagiert oder einfach gehofft haben, dass uns diese Probleme nicht direkt betreffen werden. Das war eine Hoffnung, die in Zeiten weltumspannender digitaler Vernetzung nicht nur falsch, sondern im Rückblick auch naiv war; denn es war ja eigentlich immer klar, dass Außenpolitik und Innenpolitik nicht zu trennen sind.

Zur ganzen Wahrheit gehört, dass wir uns damals zu spät damit befasst haben, dass die Türkei bereits drei Millionen Flüchtlinge aus Syrien aufgenommen hatte, dass wir viel zu lange auf ein auf dem Papier zwar schlüssiges, aber in der Praxis untaugliches Dublin-System gesetzt haben, auch weil wir annahmen, dass wir als Deutsche in der Mitte Europas von den Fluchtbewegungen um Europa herum schon nicht so sehr betroffen sein würden.

Zur ganzen Wahrheit gehört, dass wir zu spät erkannt haben, wie Millionen syrischer Flüchtlinge Zuflucht im Libanon und Jordanien fanden und nach Jahren mangelnder Mittel der internationalen Hilfsorganisationen weder genug zu essen noch zu trinken, geschweige denn Bildung für ihre Kinder hatten.

Zur ganzen Wahrheit gehört, dass wir zu lange weggesehen haben, dass im zerfallenden Libyen genauso wie in der Türkei, im Libanon und in Jordanien skrupellose Schlepperbanden auf dem Rücken der Flüchtlinge illegale Fluchtmöglichkeiten gefunden hatten, die diese Menschen in ihrer vollkommenen Hoffnungs- und Perspektivlosigkeit genutzt haben.

Das waren die Gründe für die große Zahl von Flüchtlingen, die über Griechenland und auch Italien zu uns kamen: nach fast 200 000 im Jahre 2014 schließlich 890 000 im Jahre 2015 allein zu uns nach Deutschland. Ja, und als sie kamen, haben wir diese Menschen aufgenommen und sie nicht abgewiesen. Jedem wurde ein Asylverfahren gewährt, entsprechend unseren Gesetzen und im Einklang mit europäischem und internationalem Recht. Die bei uns ankommenden Menschen konnten in ihrer übergroßen Mehrheit nichts dafür, dass die internationale Gemeinschaft sie fast vergessen hatte. Wir haben sie als Menschen in Not aufgenommen.

Ja, das war eine unglaubliche Bewährungsprobe für unser Land – für die Kommunen und die hauptamtlichen Mitarbeiter, für die vielen Freiwilligen und ehrenamtlichen Helfer, für die Bundeswehr, die Deutsche Bahn, die Mitarbeiterinnen und Mitarbeiter des Bundesamtes für Migration und Flüchtlinge, für die Beschäftigten in den Ländern und im Bund. Keine unserer Strukturen war auf diese Aufgabe ausreichend vorbereitet. Wie konnten sie das auch sein? Und trotzdem haben wir diese Aufgabe im Großen und Ganzen bewältigt. Dafür werde ich allen, die daran mitgewirkt haben und auch heute noch mitwirken, immer dankbar sein, und unser Land kann stolz darauf sein.

Natürlich gilt auch: Das war eine humanitäre Ausnahmesituation. Eine solche Ausnahmesituation soll und darf sich nicht wiederholen, weil eine Wiederholung nur zeigen würde, dass wir nichts gelernt hätten, weder national noch europäisch noch international. Deshalb haben wir gehandelt, und deshalb müssen wir weiter handeln.

*Erstens:* Um Schleusern und Schleppern das Handwerk zu legen, haben wir das EU-Türkei-Abkommen geschlossen und die Türkei bei der Versorgung der Millionen Flüchtlinge finanziell unterstützt. Die zweite Tranche von noch einmal drei Milliarden Euro muss von der Europäischen Union in den nächsten Monaten bereitgestellt werden. Ich weiß, dass das EU-Türkei-Abkommen bis heute viele Gegner hat. Ich werde es jedoch immer verteidigen, weil es allemal besser ist, als dem Sterben in der Ägäis und den Taten der Schlepper und Schleuser tatenlos zuzusehen. Ähnliche Vereinbarungen versuchen wir in Kooperation mit der libyschen Regierung der nationalen Einheit zu schließen, allerdings unter weit schwierigeren Voraussetzungen als mit der Türkei.

*Zweitens:* Nie wieder darf es passieren, dass die UN-Hilfsprogramme so dramatisch unterfinanziert sind wie vor zwei Jahren. Deutschland hat deshalb in den letzten Jahren sowohl dem Welternährungsprogramm als auch dem Flüchtlingshilfswerk der Vereinten Nationen deutlich mehr Unterstützung zuteilwerden lassen. Hilfe vor Ort in der Nähe der Heimat ist eine zentrale Aufgabe.

Denn wir müssen *drittens* Fluchtursachen umfassend und entschieden bekämpfen – durch politische Lösungen, und das ist ungeheuer schwierig, wie wir gerade sehen. Gerade in diesen Tagen erleben wir grauenhaftes Tun durch Bombardements zum Beispiel in Ost-Ghuta. Wir verurteilen diese Bombardements, zum Beispiel einer Schule, auf das Schärfste. Das sage ich in Richtung des Regimes von Assad, aber auch Russlands, das dem zusieht.

Lassen Sie mich in diesem Zusammenhang sagen: Bei allen berechtigten Sicherheitsinteressen der Türkei ist es inakzeptabel, was in Afrin passiert, wo Tausende und Abertausende von Zivilisten verfolgt sind, zu Tode kommen oder flüchten müssen. Auch das verurteilen wir auf das Schärfste.

Fluchtursachen wollen wir auch durch eine neue Partnerschaft mit Afrika bekämpfen. Sowohl mit einem Marshallplan für Afrika als auch mit unseren Compacts with Africa werden Deutschland und die ganze Europäische Union dies tun.

*Viertens:* Europa kann seinen Raum der Freizügigkeit auf Dauer nur erhalten, wenn es gleichzeitig in der Lage ist, seine europäischen Außengrenzen zu schützen und zu sichern. Die Gründung einer gemeinsamen Grenzsicherungsagentur ist hier ein genauso wichtiger Schritt wie das Ein- und Ausreiseregister, das jetzt endlich aufgebaut wird. Ein Überblick, wer sich im Raum der Freizügigkeit, also im Schengen-Raum, aufhält, muss durch ein einheitliches Dateisystem in Zukunft jederzeit gewährleistet sein. Wir brauchen eine solche Kontrolle, denn wir mussten ja auch erleben, dass unter den so vielen friedlichen und unbescholtenen Flüchtlingen auch islamistische Terroristen waren.

Die Zahl der Gefährder, solcher, die schon lange in Deutschland leben, und solcher, die seit 2015 zusammen mit den Flüchtlingen zu uns kamen, hat in den letzten Jahren zugenommen. Es hat furchtbare terroristische Anschläge gegeben, die nicht verhindert werden konnten: in Ansbach, in Würzburg und vor allem in Berlin am Breitscheidplatz. Wir gedenken der Toten. Wir versuchen, den Angehörigen und den Verletzten zu helfen. Wir danken dem Opferbeauftragten Kurt Beck, und wir werden in Zukunft einen hauptamtlichen Opferbeauftragten in der Bundesregierung haben.

Lassen Sie mich an dieser Stelle auch ausdrücklich unseren Sicherheitsbehörden danken, die durch ihre Arbeit alles daransetzen, dass solche terroristischen Anschläge verhindert werden können. Ihre Arbeit verdient unsere gemeinsame Unterstützung, und das sollten wir auch zum Ausdruck bringen. Und mehr noch: Unsere freiheitliche Gesellschaft wird sich unsere Art zu leben, nicht durch Terroristen zerstören lassen.

*Fünftens:* Wir wollen und wir werden auch in Zukunft denjenigen Schutz geben, die in einer humanitären oder politischen Notlage sind. Das bedeutet dann aber auch, dass diejenigen, die keinen Anspruch auf Schutz haben, unser Land wieder verlassen müssen – am besten über freiwillige Rückkehrprogramme mit einer Starthilfe im Heimatland, notfalls auch durch staatlich angeordnete Rückführungen.

Über die Frage, wer einen Aufenthaltsstatus bekommt, wird zukünftig in sogenannten Ankerzentren schneller entschieden. Von dort sollen gegebenenfalls auch die Rückführungen erfolgen. Insgesamt brauchen wir ein europaweites gemeinsames Asylsystem, an dem wir mit Hochdruck arbeiten und das wir hoffentlich im Juni beschließen werden.

*Sechstens:* Wer einen Aufenthaltsstatus hat, muss schnell vor Ort integriert werden, das heißt die Sprache erlernen und Chancen für eine Ausbildung bekommen. Die Kinder sollen in Kindergärten und Schulen lernen können. Dabei unterstützt der Bund die Länder und Kommunen auch in den nächsten Jahren verlässlich.

Das sind nur einige unserer wichtigsten Schlussfolgerungen, mit denen wir sicherstellen werden, dass sich eine Notlage wie die des Jahres 2015 nicht wiederholt – für niemanden, weder für Menschen, die zu uns kommen wollen, noch für unser Land. Mit diesem Maßnahmenpaket wollen wir Fluchtursachen bekämpfen und den Menschen Perspektiven vor Ort geben. Zugleich wollen wir erreichen, dass bei Einhaltung all unserer internationalen, europäischen und nationalen humanitären Verpflichtungen pro Jahr nicht mehr als 180 000 bis 220 000 Flüchtlinge in unser Land kommen. Das entspricht den langjährigen Erfahrungswerten.

Aber seien wir ehrlich! Diese beschlossenen Maßnahmen alleine wären noch keine ausreichende Antwort auf die von mir eingangs beschriebene Situation in unserem Land: auf den teilweisen Verdruss, auf die Sorgen zu vieler um die Zukunft, auf die Polarisierung in der gesellschaftlichen Auseinandersetzung. Die Herausforderungen, die alle staatlichen Institutionen 2015 mit den so vielen ankommenden Flüchtlingen zu bewältigen hatten, haben vielmehr wie in einem Brennglas viele Themen und Probleme von Zuwanderung und Integration nur noch klarer zutage treten lassen, als sie es zuvor schon waren. Warum?

*Erstens:* Es steht völlig außer Zweifel, dass in den 60er Jahren in der alten Bundesrepublik Millionen Menschen aus Italien, Spanien, Griechenland, der Türkei und anderen Ländern durch ihre Arbeit und ihren Fleiß zum Wohlstand der Bundesrepublik Deutschland beigetragen haben und dass ihre Kinder und Enkel heute zum Wohlstand ganz Deutschlands beitragen.

Ebenso außer Zweifel steht aber auch, dass diese Menschen in Zeiten von Strukturumbrüchen immer die Ersten waren, die ihre Arbeit verloren, dass ihre Kinder im Durchschnitt schlechtere Bildungsabschlüsse haben, dass sich Parallelgesellschaften entwickelt haben und dass Menschen ohne Aufenthaltsstatus auch kriminelle Strukturen gebildet haben. Um das zu überwinden, müssen Bund, Länder und Kommunen gemeinsam agieren. Unser Koalitionsvertrag gibt darauf wichtige Antworten.

*Zweitens:* Bei meinem Amtsantritt habe ich 2005 sehr bewusst das Amt der Staatsministerin für Migration, Flüchtlinge und Integration im Bundeskanzleramt angesiedelt, um damit die übergreifende Bedeutung dieser Aufgabe zu unterstreichen. Wir haben viele Fortschritte gemacht. Wir sind aber längst noch nicht da, wo wir sein wollen.

Insbesondere das Zusammenleben der Religionen stellt uns

vor große Herausforderungen. »Die Würde des Menschen ist unantastbar«, so heißt es in Artikel 1 unseres Grundgesetzes. Dieser Artikel beschreibt den Kern unseres Zusammenlebens. Er macht klar, dass Gewalt, Fremdenfeindlichkeit, Rassismus und Antisemitismus in unserem Rechtsstaat keinen Platz haben.

Die Menschen erwarten zu Recht, dass dies auch überall durch unseren Rechtsstaat durchgesetzt wird: auf dem Schulhof, in der U-Bahn, bei der Rechtsprechung – kurz: an jedem Ort in unserem Land. Deshalb ist es wichtig, dass wir in Bund und Ländern 15 000 neue Polizisten einstellen und einen Pakt für den Rechtsstaat schmieden werden. Das gilt für die Umsetzung von Recht und Gesetz im Allgemeinen genauso wie für die Garantie der Religionsfreiheit. Dazu gehören auch der Respekt und die Achtung vor denen, die Recht und Gesetz in unserem Land durchsetzen: vor Polizisten, Zollbeamten, Richtern, Gerichtsvollziehern, Beamten, insbesondere in der Justiz, aber auch in den Ordnungsämtern und anderswo.

Die Fragen des Zusammenlebens und des Zusammenhalts gehen aber natürlich weit über die Durchsetzung von Recht und Gesetz hinaus. Viele Menschen fragen ganz grundsätzlich nach dem Zusammenhalt unserer Gesellschaft, nach der Zukunft ihrer eigenen Heimat, nach dem, was unser Land in der Vergangenheit geprägt hat und was uns heute und für die Zukunft prägt. Religiöse und kulturelle Vielfalt, Globalisierung und Digitalisierung machen diese Fragen immer drängender.

Deshalb *drittens:* Etwa 4,5 Millionen Muslime leben in Deutschland. Die große Mehrzahl dieser Menschen lehnt wie die Mehrheit aller in unserem Lande lebenden Menschen Radikalismus und islamistischen Terror ab. Viele von ihnen leben ihren Glauben, den Islam, friedlich, verfassungs- und gesetzestreu. Es steht völlig außer Frage, dass die historische Prägung unseres Landes christlich und jüdisch ist. Doch so richtig das ist, so richtig ist es auch, dass mit den 4,5 Millionen bei uns lebenden Muslimen ihre Religion, der Islam, inzwischen ein Teil Deutschlands geworden ist.

Ich weiß, dass viele ein Problem damit haben, diesen Gedanken anzunehmen. Das ist ihr gutes Recht. Doch als Bundesregierung haben wir eine übergeordnete Aufgabe, eine ganz bestimmte Verantwortung, nämlich die, alle Diskussionen so zu führen, dass am Ende durch konkrete Politik, durch konkrete Entscheidungen der Zusammenhalt in unserem Land größer und nicht kleiner wird, also der Zusammenhalt aller, die dauerhaft in Deutschland leben, ob mit oder ohne Migrationshintergrund.

Wir haben im Übrigen inzwischen verstanden, dass es nicht ausreicht, dass unser Land Studiengänge für islamische Theologie und die Ausbildung von Religionslehrern anbietet, ansonsten aber die Arbeit in den Moscheen den Imamen überlassen wird, ohne dass wir uns ausreichend um die jeweiligen Strukturen kümmern. Religionsfreiheit und Staatskirchenverträge mit den christlichen Kirchen und dem Zentralrat der Juden sind heute selbstverständlich. Im Umgang mit dem Islam müssen Bund und Länder auch hier zukunftsfähige Strukturen finden. Dass wir uns Jahrzehnte darauf verlassen haben, dass für die sogenannten Gastarbeiter Imame aus der Türkei kamen, reicht als Modell für das 21. Jahrhundert nicht mehr aus. Hier kann und muss die Islamkonferenz eine zentrale Rolle spielen, und hier müssen Bund und Länder zusammenarbeiten. Deshalb habe ich den Bundesinnenminister gebeten, darüber Gespräche mit den Innenministern der Länder zu führen. Ich werde auch selbst gemeinsam mit den Ministerpräsidenten der Länder diesen Prozess begleiten und unterstützen.

Angesichts all dieser Herausforderungen zieht sich die Frage des Zusammenhalts wie ein roter Faden durch den gesamten innenpolitischen Teil unseres Koalitionsvertrags. Wir als Bundesregierung wollen Spaltungen unserer Gesellschaft überwinden: zwischen denen, die als Deutsche schon immer hier leben, und denen, die zu uns kommen, Spaltungen zwischen Ärmeren und Reicheren, zwischen Älteren und Jüngeren. Im Ergebnis wollen wir einen neuen Zusammenhalt schaffen.

Wir wollen dazu beitragen, den leider vorhandenen Eindruck zu überwinden, dass in einer großen Notlage ganz schnell und umstandslos Fremden geholfen wird, die einheimischen Deutschen, die ebenfalls der Hilfe bedürfen, aber zurückstehen müssen. Deshalb wollen wir erreichen, dass der übergroße Wohlstand unseres Landes, die großartige wirtschaftliche Entwicklung, die unser Land seit 2005 genommen hat, allen zugutekommen kann und allen zugutekommen wird.

Wir wollen in einer Gesellschaft leben, die von Menschlichkeit, Gerechtigkeit und Zusammenhalt geprägt ist. Zusammenhalt wird zuerst in der Familie gelebt. Hier lernen Kinder, was es heißt, den eigenen Weg zu finden und zugleich füreinander da zu sein. Wenn wir Familien stärken, stärken wir den Einzelnen und gleichzeitig die Gemeinschaft.

Deshalb ist die Entlastung und Stärkung der Familien eine der ersten Prioritäten der Bundesregierung. Wir erhöhen das Kindergeld, wir passen den steuerlichen Freibetrag an. Davon werden alle Familien profitieren. Wir entlasten insbesondere Alleinerziehende und kinderreiche Familien. Wir erhöhen den Kinderzuschlag. Denn hier gibt es nichts zu beschönigen: Kinderarmut in einem reichen Land wie Deutschland ist eine Schande, und wir müssen sie mit aller Kraft bekämpfen.

Wir sagen: Die, die täglich unser Land am Laufen halten, sollen mehr Gestaltungsmöglichkeiten für ihr eigenes Leben haben. Deshalb ist es richtig, dass die Absenkung des Beitrags zur Arbeitslosenversicherung und die Rückkehr zur paritätischen Finanzierung in der Gesundheitsversicherung alle Arbeitnehmerinnen und Arbeitnehmer entlastet.

Für 90 Prozent der Steuerzahler werden wir außerdem den Solidaritätszuschlag abschaffen. Vor allem für Familien und

Bürger mit kleinen und mittleren Einkommen wird das eine gute Sache sein.

Auch Generationengerechtigkeit schafft Zusammenhalt. Das zeigt sich zum Beispiel in soliden Finanzen. Der Bund hat seit 2014 keine neuen Schulden mehr aufgenommen, und das wird auch in den nächsten Jahren so bleiben. Das ist gelebte Generationengerechtigkeit.

Ein eigenes Heim gibt Familien das Gefühl von Sicherheit und Schutz, und es ist auch eine gute Möglichkeit, Vermögen aufzubauen. Deshalb wollen wir mit einem Baukindergeld von 1200 Euro für jedes Kind über zehn Jahre zur Bildung von Wohneigentum beitragen.

Die Mehrzahl der Familien in Deutschland wohnt allerdings zur Miete. Es wird für viele immer schwieriger, bezahlbaren Wohnraum zu finden. Deshalb werden wir die Wirksamkeit der Mietpreisbremse prüfen und vor allen Dingen eine Wohnraumoffensive starten, mit dem Ziel, 1,5 Millionen frei finanzierte Wohnungen und Eigenheime zusätzlich zu bauen.

Mindestens zwei Milliarden Euro werden wir zusätzlich in den sozialen Wohnungsbau investieren, obwohl im Zusammenhang mit den Bund-Länder-Finanzverhandlungen eigentlich ausgemacht war, dass nur noch die Länder für diesen Bereich zuständig sind. Deshalb werden wir darauf achten, dass das Geld in den sozialen Wohnungsbau geht und nirgendwo anders hin. Das will ich ganz deutlich sagen.

Wir wollen außerdem, dass Familien in der intensivsten Lebensphase mit Kindern alles besser unter einen Hut bekommen. Deshalb werden wir nach dem Rechtsanspruch auf einen Kitaplatz nun auch bis 2025 einen Rechtsanspruch auf Ganztagsbetreuung im Grundschulalter schaffen, und wir werden auch die Qualität des Lernens in den Kitas verbessern. Herkunft darf den Erfolg oder den Misserfolg in der Schule nicht bestimmen.

Zwar bietet der Bildungsföderalismus die Chance, dass sich

die besten Ansätze in den Ländern herauskristallisieren. Aber seien wir ehrlich: Für viele Eltern ist der Bildungsföderalismus auch oft ein Ärgernis, wenn es um die Vergleichbarkeit von Schulabschlüssen geht. Deshalb werden wir einen nationalen Bildungsrat einsetzen, der sich unter anderem mit der Vergleichbarkeit solcher Abschlüsse beschäftigt.

Durch eine Änderung des Grundgesetzes wird es eine Investitionsoffensive für Schulen geben. Hinzu kommen so zukunftsweisende Entscheidungen wie der Digitalpakt für die Schulen, wo wir uns um die Lerninhalte kümmern werden, um den Anschluss der Schulen und vor allen Dingen um die Weiterbildung der Lehrerinnen und Lehrer. Wir werden einen Berufsbildungspakt auflegen. Denn seien wir ehrlich: Wir haben uns jahrelang um den Ausbau der Hochschulen gekümmert, um die Verbesserung der Bedingungen für das Studium. Jetzt sind auch einmal die beruflichen Schulen dran und die berufliche Ausbildung, eine große Stärke unseres Landes.

Unsere sozialen Sicherungssysteme sind im weltweiten Vergleich gut. Trotzdem werden sie von vielen Menschen hinterfragt. Nehmen wir zum Beispiel die Pflege. Wir haben in den letzten vier Jahren einiges getan, vor allen Dingen die Leistungen für Pflegebedürftige deutlich verbessert und den Pflegebedürftigkeitsbegriff auch erweitert. Aber jeder spürt: Das reicht nicht. Jeder unter uns kennt Freunde und Nachbarn, die Angehörige pflegen oder selbst in der Situation des Pflegenden oder des Pflegebedürftigen sind. Die größte Bürde tragen die Angehörigen, trägt die Familie. Aber die Pflegenden, ob in der Familie oder in einer Pflegeeinrichtung, sie alle sind die stillen Helden unserer Gesellschaft. Sie leisten einen Beitrag zur Menschlichkeit unserer Gesellschaft, denn die Menschlichkeit einer Gesellschaft zeigt sich am Anfang und am Ende eines Lebens.

Angesichts der Dringlichkeit werden wir ein Sofortprogramm Pflege auflegen. 8000 neue Pflegekräfte sollen ein erster Schritt der Entlastung sein. Ich weiß schon, dass viele sagen: Das ist bei rund 13 000 stationären Pflegeeinrichtungen nur ein Tropfen auf den heißen Stein. Denen antworte ich: Das ist ein erster Schritt; dem werden weitere folgen müssen. Aber immerhin ist es ein erster, wichtiger Schritt. Den müssen wir erst einmal machen. Pflegearbeit braucht Anerkennung. Deshalb werden wir die Bezahlung in der Alten- und Krankenpflege nach Tarif stärken, mit den Tarifpartnern enger zusammenarbeiten, um endlich zu flächendeckenden Tarifverträgen zu kommen.

Dann das Thema Gesundheit. Trotz eines der besten und leistungsfähigsten Gesundheitssysteme weltweit treibt die Menschen die Sorge um, ob eine flächendeckende Gesundheitsversorgung in Zukunft noch möglich ist. Das gilt für eine gleichermaßen gute Versorgung, unabhängig vom Wohnort, vom Einkommen und vor allem auch von der Art der Versicherung. Dafür werden wir in einem Sofortprogramm die Versorgung gesetzlich Versicherter verbessern: durch Terminservicestellen, Mindestsprechstundenangebote, regionale Zuschläge vor allen Dingen für Landärzte. Da müssen wir endlich einen Paradigmenwechsel hinbekommen, sodass diejenigen, die später als Ärzte arbeiten wollen, Medizin studieren können und nicht nur diejenigen, die mit eins Abitur machen; das ist ganz wichtig – eine bessere Vergütung für Hausärzte und vieles mehr. Wir werden – ich sage: endlich – genauso wie in der Pflege das Schulgeld für die Ausbildung in den Gesundheitsfachberufen abschaffen; das ist ein Anachronismus. Wir werden stattdessen eine Ausbildungsvergütung in den Sozial- und Pflegeberufen einführen. Die Rente ist der Lohn für Lebensleistung. Aber wie schaffen wir es, dass auch im Alter gilt: Wer lange gearbeitet hat, muss mehr haben, als wenn er nicht gearbeitet hat? Dazu gehen wir jetzt einen neuen Weg. Wir führen eine Grundrente für Menschen ein, die 35 Jahre gearbeitet, Kinder erzogen oder Angehörige gepflegt haben. Sie wird zehn Prozent oberhalb der Grundsicherung liegen und von der Rentenversicherung ausgezahlt werden.

Altersarmut entsteht heute vor allem dort, wo Menschen wegen Krankheit ihre Erwerbstätigkeit aufgeben mussten, und ebenso dort, wo Eltern – zumeist Mütter – wegen der Kindererziehung Arbeit eingeschränkt haben oder gar nicht erwerbstätig waren. Wir werden daher *zwei* Dinge tun: die Erwerbsunfähigkeitsrente noch einmal verbessern und künftig für Eltern, die drei oder mehr Kinder erzogen haben, für Geburten vor 1992 auch das dritte Jahr Erziehungszeit in der Rente anrechnen.

Um aber das Vertrauen in die langfristige Stabilität der gesetzlichen Rente zu stärken, werden wir die gesetzliche Rente bis zum Jahr 2025 auf dem heutigen Niveau von 48 Prozent festschreiben und sicherstellen, dass der Beitrag nicht über 20 Prozent steigt. Allerdings wissen wir, dass unser Rentensystem durch die längere Lebensdauer und die geringere Zahl von Kindern für die Zeit nach 2025, spätestens nach 2030, nicht nachhaltig ausgestaltet ist. Deshalb wird es – ich glaube, das wird eine der größeren Aufgaben der neuen Bundesregierung sein – in einer Rentenkommission zusammen mit den Tarifpartnern langfristig notwendig sein, ein generationsgerechtes und finanzierbares Rentensystem der Zukunft auszuarbeiten. Dieser Aufgabe stellen wir uns jetzt und nicht irgendwann.

Jenseits der sozialen Sicherungssysteme fordern uns vor allem, und das in den letzten Jahren spürbar mehr, die unterschiedlichen Lebensbedingungen in Stadt und Land heraus. Rathäuser und Arztpraxen schließen. Die Schule ist weit entfernt. Der Bäcker findet keinen Nachfolger. Der Supermarkt ist nicht mehr im Ortskern, sondern nahe der Autobahnauffahrt, wo es Parkplätze gibt, wohin aber der Weg für Ältere viel zu weit ist. Bus und Bahn fahren nicht häufig genug. Ohne das Auto ist die Arbeitsstelle nicht zu erreichen. Die Versorgung mit dem täglich Nötigen wird immer umständlicher, der Alltag immer beschwerlicher. Die jungen Menschen ziehen weg, denn sie finden keinen oder keinen gut bezahlten Job. Großeltern sehen ihre Enkel nur noch selten. Das fordert uns heraus. Wir wollen gleichwertige Lebensverhältnisse überall in Deutschland schaffen, und dazu handeln wir strukturell und inhaltlich.

Genau deshalb ist das Bundesinnenministerium um die Bereiche Bau und Heimat erweitert worden, und eine Kommission »Gleichwertige Lebensverhältnisse« wird unter Leitung des Innenministers die Programme aller betroffenen Ressorts bündeln, um mit Ländern und Kommunen Antworten auf die wirklich berechtigte Erwartung der Menschen an die Gleichwertigkeit der Lebensverhältnisse in unserem Land zu geben.

Dabei reagieren wir sowohl auf die demografischen Herausforderungen, die wir haben, die ja ländliche Regionen in besonderer Weise treffen, als auch auf den notwendigen Strukturwandel – ich denke zum Beispiel an die Braunkohleregionen in den neuen Ländern oder in Nordrhein-Westfalen.

All das, was wir uns für die Verbesserung der Lebensbedingungen in unserem Land vorgenommen haben, wird letztlich nur gelingen, wenn noch mehr Menschen als heute Arbeit haben. Deshalb wollen wir bis zum Jahre 2025 Vollbeschäftigung erreichen. Das bedeutet aber, dass wir uns mit großer Ernsthaftigkeit um die wirtschaftlichen Grundlagen unseres Landes kümmern, denn die Wirtschaft schafft die Arbeitsplätze, die wir brauchen.

Unsere Wirtschaft, ob kleinere, mittlere oder große Unternehmen, steht heute gut da. Doch zugleich haben wir ein doppeltes Problem: Einerseits brauchen wir in allen Bereichen mehr Fachkräfte, und deshalb werden wir ein Fachkräfteeinwanderungsgesetz verabschieden. Erstmals bekennen sich alle Koalitionsparteien dazu. Andererseits müssen wir die heute Arbeitslosen weiter befähigen, wieder in den Arbeitsmarkt hineinzukommen. Bei einigen Langzeitarbeitslosen wissen wir allerdings auch, dass wir dazu einen sozialen Arbeitsmarkt brauchen, den wir jetzt schaffen werden, der allerdings auch durchlässig sein muss, denn er darf kein Ort der Aussichtslosigkeit werden. Die hohe Zahl von Erwerbstätigen heute sagt allerdings wenig, um nicht zu sagen: gar nichts, über die Zukunft aus. Nehmen wir einmal das Beispiel Nokia. Im Jahre 2007 – das ist gut zehn Jahre her – verkaufte Nokia 50 Prozent aller Mobiltelefone weltweit. Zehn Jahre später, nachdem das Smartphone auf den Markt kam, liegt der Verkaufsanteil von Nokia noch bei ein Prozent. Daran sehen wir, dass sich durch die rasante Digitalisierung aller Lebensbereiche, durch die wachsende weltweite Verflechtung des Wirtschaftens, durch aufstrebende Schwellenländer – ich nenne China –, durch die Herausforderungen des Klimaschutzes die Rahmenbedingungen des Wirtschaftens rasant und qualitativ oft disruptiv verändern.

Übrigens: Viele sagen mir, dass es ein Weiter-so in der neuen Legislaturperiode nicht geben dürfe. Stimmt! Ein Weiter-so kann es gar nicht geben, denn die Welt um uns herum ändert sich nicht einfach so, sondern sie ändert sich gerade epochal. Unsere Leitindustrien, namentlich die Automobilindustrie und ihre Zulieferer, aber auch die pharmazeutische Industrie, die Chemie und der Maschinenbau, sie alle sind davon betroffen. Es ist nicht garantiert, dass wir in fünf oder zehn Jahren wirtschaftlich so gut dastehen wie heute.

Fehler in einzelnen Branchen können sich sehr schnell zu systemischen Problemen entwickeln. Wie schnell das gehen kann, sehen wir beim Dieselthema. Deshalb wird sich die Bundesregierung – das wird eine der ersten Amtshandlungen sein – mit der Zukunft des Dieselantriebs befassen. Saubere Luft, intelligente innerstädtische Verkehrssysteme und Nutzung individueller Mobilität müssen in Einklang gebracht werden, und zwar so, dass Arbeitsplätze nicht in Gefahr geraten, die Käufer von Dieselautos nicht die Dummen sind und wir trotzdem Luft und Klima schützen – im Grunde eine Quadratur des Kreises.

Flächendeckende Fahrverbote lehnen wir ab. Wir brauchen vielmehr maßgeschneiderte Lösungen für die von Grenzwertüberschreitungen betroffenen Kommunen. Die allermeisten Kommunen – Jahr für Jahr sinkt ja auch der Stickoxidausstoß – werden in der Kombination von eigenen Luftreinhalteplänen, Förderprogrammen des Bundes und zwingend notwendigen Beiträgen der Automobilindustrie die Grenzwerte sehr bald einhalten können. Einige wenige Städte werden besondere Lösungen brauchen, und dabei nehmen wir die Automobilindustrie in die Pflicht. Für die eigenen Fehler müssen die Hersteller geradestehen, und wir müssen dafür sorgen, dass ausreichend in die Mobilität der Zukunft investiert wird; auch das ist wichtig.

Verbrennungsmotoren sind eine Brückentechnologie, die wir zwar noch auf absehbare, relativ lange Zeit brauchen, aber die Zukunft gehört alternativen Antrieben. Hier setzt die Bundesregierung mit umfangreichen Förderprogrammen an. Deutschland braucht – da steht die Automobilbranche stellvertretend für viele – auch in Zukunft ein starkes industrielles Rückgrat. Deshalb entwickeln wir mit Frankreich ein modernes Unternehmenssteuerrecht, auch als Antwort auf den globalen Wettbewerb.

Deshalb investieren wir in Forschung und Entwicklung. Gemeinsam mit dem privaten Sektor wollen wir bis 2025 nicht nur 3,0 Prozent des Bruttoinlandsprodukts in Forschung und Innovation investieren, sondern 3,5 Prozent. Wir werden für kleinere und mittlere Unternehmen eine steuerliche Forschungsförderung einführen. Da die Investitionszyklen kürzer sind, werden wir neue Abschreibungsmöglichkeiten einführen, Start-ups fördern und Bürokratie abbauen. Wir brauchen neue Schwerpunkte der Innovation. Ich nenne hier die künstliche Intelligenz – auch in deutsch-französischer Kooperation.

Investitionen in die Infrastruktur – Straßen, Schienen, Breitbandausbau, Stromtrassen – werden in unserem Programm gestärkt. Aber vorrangig ist, so banal es klingen mag, die Beschleunigung der Genehmigungsverfahren. Ansonsten können viele Projekte nicht realisiert werden; zwar ist das Geld da, aber die Planung zu langsam.

Bezahlbare Energie ist die Voraussetzung für einen erfolgreichen Industriestandort. Bezahlbarkeit zu sichern und die Energiewende hin zu marktnahen erneuerbaren Energien voranzubringen, das entscheidet darüber, ob wir unsere Klimaschutzziele erreichen. Wir werden ein Klimaschutzgesetz verabschieden, um unsere Klimaziele 2030 zu erreichen und den Weg dahin verlässlich vorzuschreiben. Dazu gehört auch ein Plan zur schrittweisen Reduzierung und Beendigung der Kohleverstromung einschließlich eines Abschlussdatums und der notwendigen sozialen und strukturpolitischen Begleitmaßnahmen.

Wir müssen den Treiber des Wandels unserer Arbeits- und Wirtschaftswelt gestalten, und das ist der digitale Fortschritt. Was immer digitalisiert werden kann, wird digitalisiert werden. Wo früher Massenproduktion stattfand, findet heute individuelle Produktion mit der Stückzahl eins statt.

Daten werden zum Rohstoff des 21. Jahrhunderts, insbesondere Daten über das Verhalten und die Wünsche der Kunden. Hersteller, ihre Maschinen und ihre Produkte werden digital, und zwar global, vernetzt. Menschen und Maschinen – Maschinen, das heißt Roboter – arbeiten zusammen, und Maschinen können mithilfe der künstlichen Intelligenz zu lernenden Systemen werden. Alle diese Entwicklungen vollziehen sich in einem atemberaubenden Tempo. Die Geschwindigkeit des Handelns – man kann auch sagen: das Tempo des Handelns – wird zum entscheidenden Faktor unserer Zukunftsfähigkeit. Das bedeutet, die soziale Marktwirtschaft mit Ludwig

Erhards Versprechen vom »Wohlstand für alle« muss eine neue Bewährungsprobe bestehen.

Was genau ist die Rolle der Politik unter diesen Umständen? Zunächst einmal muss die Politik wie vor 70 Jahren während der Anfänge der sozialen Marktwirtschaft Leitplanken setzen, den rechtlichen Rahmen schaffen, im Wettbewerbsrecht, im Steuerrecht und bei der Frage der Sicherung des Eigentums, eine der Kernfragen der sozialen Marktwirtschaft. Genau hier stellen sich die schwierigsten Aufgaben. Wenn Daten der Rohstoff der Zukunft sind, dann entscheidet die Souveränität des Menschen über diese Daten und damit auch über die Frage des Eigentums und damit der Teilhabe jedes Einzelnen. Wird der Einzelne auf neue Weise ausgebeutet, weil die Daten privaten Monopolen oder Staaten gehören? Oder schaffen wir es, ein faires System des Dateneigentums aufzubauen?

Diese Fragen sind Herausforderung und Chance, nicht nur für Deutschland, sondern für die Europäische Union insgesamt. Die Frage, die uns in diesen Tagen im Hinblick auf Facebook beschäftigt, was da mit den Daten passiert ist, ist nur ein Ausschnitt aus der gesamten Frage. Deshalb haben Europa und Deutschland durch die Erfahrung mit der sozialen Marktwirtschaft die einmalige Chance, hier wieder ein gerechtes, den Menschen in den Mittelpunkt stellendes System der Teilhabe an der Souveränität der Daten zu schaffen. Aber bis dahin haben wir noch einen weiten Weg zu gehen. Die Datenschutz-Grundverordnung ist ein erster kleiner zaghafter Schritt. Hier müssen wir weitergehen, wenn wir es gerecht machen wollen.

Natürlich ist die Infrastruktur, das heißt der Ausbau von Breitband, eine wesentliche Grundvoraussetzung für den Erfolg der Digitalisierung. Wir wollen, dass bis 2025 alle Zugang zu Breitbandnetzen haben. Wir wollen den Ausbau der 5G-Netze flächendeckend durchsetzen. Hierfür haben wir im Koalitionsvertrag den Weg vorgezeichnet. Wir brauchen ein einheitliches Vorgehen der Bundesregierung, um die IT-Systeme des Bundes zu bündeln. Das Kanzleramt wird hierbei seine koordinierende Funktion stärken. Wir brauchen eine digitale Verwaltung beim Umgang der Bürger mit ihrem Staat auf allen Ebenen. Dem dient die Schaffung eines Bürgerportals mit jeweils einem Zugang für jeden Bürger zu allen öffentlichen Stellen.

Alle Ministerien werden ihre digitalen Kompetenzen verstärken: von Wirtschaft 4.0 über Arbeit 4.0 bis in den Forschungs-, Gesundheits- und Landwirtschaftsbereich – um nur einige zu nennen. Wir werden einen Kabinettsausschuss Digitalisierung schaffen. Um die gesamte Breite der durch die Digitalisierung entstehenden neuen gesellschaftlichen Entwicklungen zu erfassen und zu durchdringen, werde ich einen Digitalrat mit Vertretern und Sachverständigen aller Bereiche gründen, der mich und die ganze Bundesregierung beraten wird, denn neue Erkenntnisse müssen wegen des rasanten Wandels natürlich möglichst schnell in politisches Handeln umgesetzt werden.

Digitalisierung und Abschottung sind zwei Pole, die sich nach unserem Verständnis besonders schlecht vertragen. Deshalb ist das 21. Jahrhundert eigentlich das Jahrhundert der multilateralen Lösungen und der multilateralen Institutionen. Das gilt ganz besonders für den Handel.

Die Bundesregierung ist überzeugt, dass Abschottung am Schluss allen schadet. Deshalb werden wir uns in den anstehenden Diskussionen, derzeit mit der amerikanischen Administration, natürlich weiter für Gespräche einsetzen, notfalls aber auch unmissverständliche Gegenmaßnahmen ergreifen. Das wird auch ein Thema beim kommenden Europäischen Rat sein.

Wolfgang Schäuble hat einmal festgestellt, dass die Europäische Union die beste Idee ist, die wir Europäer im 20. Jahrhundert hatten. Man kann es trotz aller Schwierigkeiten und

Mühsal kaum treffender beschreiben. Die Europäische Union hat sich seit ihrer Gründung als Glücksfall gerade für uns Deutsche erwiesen, denn machen wir uns nichts vor: Die Welt um uns herum ist ungemütlich und unübersichtlich. Europa ist heute von großen Konflikten umgeben. Instabilität, Gewalt, die Verletzung völkerrechtlich anerkannter Grenzen – all das findet heute, und zwar vor unserer Haustür, statt.

Europas wirtschaftliche Bedeutung hat sich durch den Aufstieg anderer Regionen relativiert. Auch wenn die Europäische Union als Ganzes endlich wieder Wirtschaftswachstum hat, sitzen viele der Lokomotiven der digitalen Weltwirtschaft nicht in Europa, sondern in den USA oder in Asien. Schon heute ist absehbar, dass eines Tages kein europäisches Land mehr als ein Prozent der Weltbevölkerung stellen wird. Deshalb bin ich überzeugt: Unsere Zukunft liegt im Zusammenhalt Europas, nicht in Kleinstaaterei, nicht im Rückzug auf sich selbst, nicht in nationalen Egoismen. Nur gemeinsam können wir unsere Souveränität, unsere Interessen und unsere Werte verteidigen. Nur gemeinsam werden wir in der Lage sein, unseren Wohlstand auf Dauer zu sichern. Und nur gemeinsam wird es uns gelingen, unseren Friedens- und Stabilitätsbeitrag in der Welt überhaupt leisten zu können.

Deshalb werden wir beim morgigen Europäischen Rat über einige Themen sprechen, die für die zukünftige Entwicklung Europas entscheidend sein werden. Wir werden natürlich über die internationalen Handelsbeziehungen sprechen. Sie wissen, dass die Entscheidung der USA ansteht, ob Zölle auf Stahl und Aluminium auch für Europa eingeführt werden. Wir halten diese Zölle für rechtswidrig. Wir glauben, sie sind schädlich – ich habe das gesagt –; aber wir müssen die Entwicklung natürlich abwarten.

Nachdem wir am Donnerstag beim Europäischen Rat gemeinsame Fragen der 28 Mitgliedstaaten besprochen haben werden, wird es am Freitag zwei Treffen geben: Zum einen kommen wir im Format der 27 – ohne Großbritannien – zusammen und werden über das zukünftige Verhältnis zu Großbritannien sprechen. Dafür liegen jetzt die entsprechenden Leitlinien auf dem Tisch. Wir wollen ein freundschaftliches, enges Verhältnis zu Großbritannien in möglichst vielen Bereichen. Aber natürlich wird das Verhältnis von Großbritannien zur Europäischen Union durch den Wunsch, weder dem Binnenmarkt noch der Zollunion anzugehören, nicht so eng sein können, wie es heute ist. Es geht also im Kern um ein sehr tiefgreifendes, detailliertes Freihandelsabkommen, das nach dem derzeitigen Stand der Dinge zu verhandeln ist. Es ist entscheidend, dass die Europäische Union der zukünftig 27 Mitgliedstaaten in den kommenden Monaten genauso gemeinsam auftritt, wie wir das bisher gemacht haben.

Zum anderen werden wir am Freitag mit den 19 Mitgliedstaaten des Euro-Raums tagen und über die Zukunft der Wirtschafts- und Währungsunion sprechen, denn nachdem die akute Krise des Euro bewältigt ist und auch Griechenland Chancen hat, sein Programm zu verlassen, nachdem alle Mitgliedstaaten des Euro-Raums wieder wachsen und die Arbeitslosigkeit sinkt, geht es jetzt um die langfristige Absicherung und Stabilität des Währungsraums, um eine Bankenunion, eine Kapitalmarktunion und eine abschließende Struktur der Zusammenarbeit im Euro-Raum.

Dazu gehört die Weiterentwicklung des europäischen Stabilitätsmechanismus zu einem europäischen Währungsfonds und die Frage, wie wir durch Stärkung der Wettbewerbsfähigkeit und gegebenenfalls zusätzliche Finanzmittel die wirtschaftliche Konvergenz im Euro-Raum verbessern. Denn wie das Wort schon sagt: Es handelt sich um eine Wirtschafts- und Währungsunion und nicht nur um eine Währungsunion. Von einer Wirtschaftsunion sind wir jedoch noch immer weit entfernt, denn eine Wirtschaftsunion ist viel mehr als nur der Binnenmarkt.

Natürlich bleibt die zentrale Verantwortung für die wirtschaftliche Stärke dabei bei den Mitgliedstaaten. Haftung und Kontrolle müssen immer Hand in Hand gehen. Wir haben erlebt, dass das Fehlverhalten eines Landes die Entwicklung aller in Gefahr bringen kann. Damit dies nicht wieder geschieht, brauchen wir eine Gesamtarchitektur der Euro-Zone. Die abschließenden Entscheidungen dazu sollen im Europäischen Rat im Juni gefällt werden.

Wir werden im Juni auch über das Gemeinsame Europäische Asylsystem entscheiden. Außerdem brauchen wir neben der stärkeren und strukturierten Zusammenarbeit in Fragen der Verteidigung auch viel mehr Gemeinsamkeit in der Außenpolitik. Die anstehenden Probleme zeigen es. Das gilt neben der transatlantischen Partnerschaft mit den Vereinigten Staaten von Amerika und Kanada natürlich auch für unser Verhältnis zu China und Russland. Dabei muss Deutschland angesichts der vielen internationalen Krisen auch weiterhin ein verlässlicher Partner sein – nicht nur in der EU, sondern auch in der Nato.

Im Koalitionsvertrag bekennen wir uns zu den Zielen des Bündnisses, also auch zu den finanziellen Beiträgen. Für uns ist ein vernetzter Handlungsansatz zentral. Deshalb werden wir die Ausgaben für Entwicklungshilfe und Verteidigung jeweils eins zu eins erhöhen, bis wir das 0,7-Prozent-Ziel bei der ODA-Quote, der Quote der Öffentlichen Entwicklungszusammenarbeit, erreicht haben.

Aber mit Blick auf die Verteidigungsausgaben gilt: Wir brauchen eine modern ausgerüstete und einsatzfähige Bundeswehr. Der letzte Bericht des Wehrbeauftragten zeigt überdeutlich, dass hier noch viel zu tun ist – obwohl wir in den vergangenen vier Jahren eine Wende bei den Ausgaben für Verteidigung vollzogen haben. Wir müssen in diese Richtung weiterarbeiten.

Ich will Ihnen – vielleicht hier manchmal ein Geheimnis,

aber eigentlich kein Geheimnis – verraten: Es gibt in der NATO und in der EU nicht ein einziges Mitgliedsland, das der Meinung ist, dass Deutschland zu viel für seine Verteidigung ausgibt. Ängste vor Übermilitarisierung in Bezug auf Deutschland gibt es außerhalb Deutschlands nirgends.

Lassen Sie mich an dieser Stelle unseren Soldatinnen und Soldaten für ihren Dienst im In- und Ausland danken und ebenso denen, die für die Entwicklungszusammenarbeit für unser Land rund um den Globus unterwegs sind.

Die Bewältigung internationaler Spannungen und Konflikte wird uns auch in den nächsten Jahren stark in Anspruch nehmen. Wie sehr, wird schon an wenigen Punkten deutlich. Beispielhaft für eine der akuten Krisen ist der Einsatz des schrecklichen Nervengifts in Großbritannien – einer verbotenen chemischen Substanz. Wir stehen an der Seite Großbritanniens und sind solidarisch. Viele Hinweise deuten auf Russland hin. Deshalb ist Transparenz von Russland gefragt, um den Verdacht aus der Welt zu schaffen. Ich wäre froh, wenn ich an dieser Stelle Russland nicht nennen müsste. Aber wir können Evidenzen nicht auflösen, weil wir Russland nicht nennen wollen; so geht es ja nun auch nicht.

Es gilt, weiter an der Umsetzung der Minsker Vereinbarungen zu arbeiten, um die Souveränität der Ukraine zu sichern und das Verhältnis zu Russland wieder auf eine neue Grundlage zu stellen. Der Irak muss stabilisiert werden. Das Sterben in Syrien muss ein Ende finden, und die politische Zukunft Syriens muss angegangen werden; ich habe dazu vorhin schon etwas gesagt. Libyen muss stabilisiert und unterstützt werden. Die Arbeit für die Erhaltung des iranischen Nuklearabkommens wird uns in den nächsten Wochen zusammen mit Frankreich und Großbritannien sehr beschäftigen.

Nicht zuletzt zum Verhältnis zu unserem europäischen Nachbarn und NATO-Partner, der Türkei: Das ist und bleibt schwierig. Uns verbindet viel mit der Türkei: Über drei Millionen Menschen in unserem Land haben türkische Wurzeln; unsere Volkswirtschaften sind eng verbunden; wir stehen zusammen im Kampf gegen den Terrorismus; wir arbeiten verlässlich zusammen beim Thema Migration.

Aber in der jüngsten Vergangenheit waren die Beziehungen unserer Länder größten Belastungen ausgesetzt – nicht nur wegen dem, was in Afrin passiert –; denken wir an die Verhaftungen von Deniz Yücel, Peter Steudtner, Mesale Tolu und anderen. Wir freuen uns, dass diese Menschen wieder in Freiheit sind; aber wir werden uns genauso entschieden für die Freiheit derjenigen einsetzen, die noch in Haft sind.

Der Koalitionsvertrag von CDU, CSU und SPD muss nun mit großer Dringlichkeit in die Tat umgesetzt werden. Die Erfahrung der letzten Jahre zeigt allerdings, dass wir zu Beginn einer Legislaturperiode bei weitem nicht alle Herausforderungen erahnen konnten, die wir in den folgenden vier Jahren bewältigen müssen.

Inzwischen kennen Sie mich. Ich werde jeden Tag von morgens bis abends meine ganze Kraft und Energie nach bestem Wissen und Gewissen dafür einsetzen, das Beste für die Bürgerinnen und Bürger Deutschlands, für alle Menschen in unserem Land zu erreichen. Denn ich möchte alles dafür tun, dass die Menschen am Ende dieser Legislaturperiode sagen: Die in Berlin haben aus dem Wahlergebnis vom September 2017 etwas gelernt. Die haben wirklich etwas verstanden und viel Konkretes und Gutes für uns erreicht.

Ich möchte, dass am Ende dieser Legislaturperiode diese Bilanz gezogen wird: Unsere Gesellschaft ist menschlicher geworden, Spaltungen und Polarisierungen konnten verringert, vielleicht sogar überwunden werden, und Zusammenhalt ist neu gewachsen. Ich möchte, dass wir am Ende dieser Legislaturperiode sehen können: Wir haben eine starke Dynamik entfaltet, und Deutschland hat ein gutes Stück des Weges in das digitale Zeitalter bewältigt. Ich möchte, dass am Ende dieser Legislaturperiode erkennbar ist: Wir haben einen neuen Aufbruch für Europa erreicht, und Europa steht gestärkt da.

Ich lade alle, die an diesem Deutschland und Europa mitbauen und mitarbeiten wollen, ein, genau daran mitzuwirken. Dabei leitet mich heute wie am Anfang meiner Kanzlerschaft ein Ansatz, den ich am besten mit meinen eigenen Worten von damals beschreibe – ich darf dazu aus meiner ersten Regierungserklärung vom 30. November 2005 vor diesem Haus zitieren –:

[…] fragen wir zuerst, was geht, und suchen wir nach dem, was noch nie so gemacht wurde […] Überraschen wir uns also damit, was möglich ist, überraschen wir uns damit, was wir können! […] ich bin überzeugt, Deutschland kann es schaffen.

Heute füge ich hinzu: Deutschland, das sind wir alle.

# »Es ist sehr ernst«

## Fernsehansprache
## »Dies ist eine historische Aufgabe – und sie ist nur gemeinsam zu bewältigen«

*18. März 2020*

Liebe Mitbürgerinnen, liebe Mitbürger,

das Coronavirus verändert zurzeit das Leben in unserem Land dramatisch. Unsere Vorstellung von Normalität, von öffentlichem Leben, von sozialem Miteinander – all das wird auf die Probe gestellt wie nie zuvor.

Millionen von Ihnen können nicht zur Arbeit, Ihre Kinder können nicht zur Schule oder in die Kita, Theater und Kinos und Geschäfte sind geschlossen, und, was vielleicht das Schwerste ist: Uns allen fehlen die Begegnungen, die sonst selbstverständlich sind. Natürlich ist jeder von uns in solch einer Situation voller Fragen und voller Sorgen, wie es weitergeht.

Ich wende mich heute auf diesem ungewöhnlichen Weg an Sie, weil ich Ihnen sagen will, was mich als Bundeskanzlerin und alle meine Kollegen in der Bundesregierung in dieser Situation leitet. Das gehört zu einer offenen Demokratie: dass wir die politischen Entscheidungen auch transparent machen und erläutern, dass wir unser Handeln möglichst gut begründen und kommunizieren, damit es nachvollziehbar wird.

Ich glaube fest daran, dass wir diese Aufgabe bestehen, wenn wirklich alle Bürgerinnen und Bürger sie als ihre Aufgabe begreifen.

Deswegen lassen Sie mich sagen: Es ist ernst. Nehmen Sie es auch ernst. Seit der Deutschen Einheit, nein, seit dem Zweiten Weltkrieg gab es keine Herausforderung an unser Land mehr, bei der es so sehr auf unser gemeinsames solidarisches Handeln ankommt.

Ich möchte Ihnen erklären, wo wir aktuell stehen in der Epidemie, was die Bundesregierung und die staatlichen Ebenen tun, um alle in unserer Gemeinschaft zu schützen und den ökonomischen, sozialen, kulturellen Schaden zu begrenzen. Aber ich möchte Ihnen auch vermitteln, warum es Sie dafür braucht und was jeder und jede Einzelne dazu beitragen kann.

Zur Epidemie – und alles was ich Ihnen dazu sage, kommt aus den ständigen Beratungen der Bundesregierung mit den Experten des Robert-Koch-Instituts und anderen Wissenschaftlern und Virologen –: Es wird weltweit unter Hochdruck geforscht, aber noch gibt es weder eine Therapie gegen das Coronavirus noch einen Impfstoff.

Solange das so ist, gibt es nur eines, und das ist die Richtschnur all unseres Handelns: die Ausbreitung des Virus zu verlangsamen, sie über die Monate zu strecken und so Zeit zu gewinnen. Zeit, damit die Forschung ein Medikament und einen Impfstoff entwickeln kann, aber vor allem auch Zeit, damit diejenigen, die erkranken, bestmöglich versorgt werden können.

Deutschland hat ein exzellentes Gesundheitssystem, vielleicht eines der besten der Welt. Das kann uns Zuversicht geben. Aber auch unsere Krankenhäuser wären völlig überfordert, wenn in kürzester Zeit zu viele Patienten eingeliefert würden, die einen schweren Verlauf der Corona-Infektion erleiden.

Das sind nicht einfach abstrakte Zahlen in einer Statistik, sondern das sind ein Vater oder Großvater, eine Mutter oder Großmutter, eine Partnerin oder Partner, es sind Menschen.

Und wir sind eine Gemeinschaft, in der jedes Leben und jeder Mensch zählt.

Ich möchte mich bei dieser Gelegenheit zuallererst an alle wenden, die als Ärzte oder Ärztinnen, im Pflegedienst oder in einer sonstigen Funktion in unseren Krankenhäusern und überhaupt im Gesundheitswesen arbeiten. Sie stehen für uns in diesem Kampf in der vordersten Linie. Sie sehen als erste die Kranken und wie schwer manche Verläufe der Infektion sind. Jeden Tag gehen Sie aufs Neue an Ihre Arbeit und sind für die Menschen da. Was Sie leisten, ist gewaltig, und ich danke Ihnen von ganzem Herzen dafür.

Also: Es geht darum, das Virus auf seinem Weg durch Deutschland zu verlangsamen. Und dabei müssen wir – das ist existenziell –, auf eines setzen: das öffentliche Leben, so weit es geht, herunterzufahren. Natürlich mit Vernunft und Augenmaß, denn der Staat wird weiter funktionieren, die Versorgung wird selbstverständlich weiter gesichert sein und wir wollen so viel wirtschaftliche Tätigkeit wie möglich bewahren.

Aber alles, was Menschen gefährden könnte, alles, was dem Einzelnen, aber auch der Gemeinschaft schaden könnte, das müssen wir jetzt reduzieren. Wir müssen das Risiko, dass der eine den anderen ansteckt, so begrenzen, wie wir nur können.

Ich weiß, wie dramatisch schon jetzt die Einschränkungen sind: keine Veranstaltungen mehr, keine Messen, keine Konzerte und vorerst auch keine Schule mehr, keine Universität, kein Kindergarten, kein Spiel auf einem Spielplatz. Ich weiß, wie hart die Schließungen, auf die sich Bund und Länder geeinigt haben, in unser Leben und auch unser demokratisches Selbstverständnis eingreifen. Es sind Einschränkungen, wie es sie in der Bundesrepublik noch nie gab.

Lassen Sie mich versichern: Für jemanden wie mich, für die Reise- und Bewegungsfreiheit ein schwer erkämpftes Recht waren, sind solche Einschränkungen nur in der absoluten

Notwendigkeit zu rechtfertigen. Sie sollten in einer Demokratie nie leichtfertig und nur temporär beschlossen werden – aber sie sind im Moment unverzichtbar, um Leben zu retten. Deswegen sind seit Anfang der Woche die verschärften Grenzkontrollen und Einreisebeschränkungen zu einigen unserer wichtigsten Nachbarländer in Kraft.

Für die Wirtschaft, die großen Unternehmen genau wie die kleinen Betriebe, für Geschäfte, Restaurants, Freiberufler ist es jetzt schon sehr schwer. Die nächsten Wochen werden noch schwerer. Ich versichere Ihnen: Die Bundesregierung tut alles, was sie kann, um die wirtschaftlichen Auswirkungen abzufedern – und vor allem um Arbeitsplätze zu bewahren. Wir können und werden alles einsetzen, was es braucht, um unseren Unternehmern und Arbeitnehmern durch diese schwere Prüfung zu helfen.

Und alle können sich darauf verlassen, dass die Lebensmittelversorgung jederzeit gesichert ist, und wenn Regale einen Tag mal leer geräumt sind, so werden sie nachgefüllt. Jedem, der in den Supermärkten unterwegs ist, möchte ich sagen: Vorratshaltung ist sinnvoll, war es im Übrigen immer schon. Aber mit Maß; Hamstern, als werde es nie wieder etwas geben, ist sinnlos und letztlich vollkommen unsolidarisch.

Lassen Sie mich auch hier Dank aussprechen an Menschen, denen zu selten gedankt wird. Wer in diesen Tagen an einer Supermarktkasse sitzt oder Regale befüllt, der macht einen der schwersten Jobs, die es zurzeit gibt. Danke, dass Sie da sind für ihre Mitbürger und buchstäblich »den Laden am Laufen« halten.

Jetzt zu dem, was mir heute das Dringendste ist: Alle staatlichen Maßnahmen gingen ins Leere, wenn wir nicht das wirksamste Mittel gegen die zu schnelle Ausbreitung des Virus einsetzen würden – und das sind wir selbst. So wie unterschiedslos jeder von uns von dem Virus betroffen sein kann, so muss jetzt auch jede und jeder helfen. Zu allererst, indem wir ernst nehmen, worum es heute geht. Nicht in Panik verfallen, aber auch nicht einen Moment denken, auf ihn oder sie komme es doch nicht wirklich an. Niemand ist verzichtbar. Alle zählen, es braucht unser aller Anstrengung.

Das ist, was eine Epidemie uns zeigt: wie verwundbar wir alle sind, wie abhängig von dem rücksichtsvollen Verhalten anderer, aber damit eben auch: wie wir durch gemeinsames Handeln uns schützen und gegenseitig stärken können.

Es kommt auf jeden an. Wir sind nicht verdammt, die Ausbreitung des Virus passiv hinzunehmen. Wir haben ein Mittel dagegen: Wir müssen aus Rücksicht voneinander Abstand halten. Der Rat der Virologen ist ja eindeutig: kein Handschlag mehr, gründlich und oft die Hände waschen, mindestens eineinhalb Meter Abstand zum Nächsten und am besten kaum noch Kontakte zu den ganz Alten, weil sie eben besonders gefährdet sind.

Ich weiß, wie schwer das ist, was da von uns verlangt wird. Wir möchten, gerade in Zeiten der Not, einander nah sein. Wir kennen Zuwendung als körperliche Nähe oder Berührung. Doch im Augenblick ist leider das Gegenteil richtig. Und das müssen wirklich alle begreifen: Im Moment ist nur Abstand Ausdruck von Fürsorge.

Der gut gemeinte Besuch, die Reise, die nicht hätte sein müssen, das alles kann Ansteckung bedeuten und sollte jetzt wirklich nicht mehr stattfinden. Es hat seinen Grund, warum die Experten sagen: Großeltern und Enkel sollten jetzt nicht zusammenkommen.

Wer unnötige Begegnungen vermeidet, hilft allen, die sich in den Krankenhäusern um täglich mehr Fälle kümmern müssen. So retten wir Leben. Das wird für viele schwer, und auch darauf wird es ankommen: niemanden allein zu lassen, sich um die zu kümmern, die Zuspruch und Zuversicht brauchen. Wir werden als Familien und als Gesellschaft andere Formen finden, einander beizustehen.

Schon jetzt gibt es viele kreative Formen, die dem Virus und seinen sozialen Folgen trotzen. Schon jetzt gibt es Enkel, die ihren Großeltern einen Podcast aufnehmen, damit sie nicht einsam sind.

Wir alle müssen Wege finden, um Zuneigung und Freundschaft zu zeigen: Skypen, Telefonate, Mails und vielleicht mal wieder Briefe schreiben. Die Post wird ja ausgeliefert. Man hört jetzt von wunderbaren Beispielen von Nachbarschaftshilfe für die Älteren, die nicht selbst zum Einkaufen gehen können. Ich bin sicher, da geht noch viel mehr, und wir werden als Gemeinschaft zeigen, dass wir einander nicht allein lassen.

Ich appelliere an Sie: Halten Sie sich an die Regeln, die nun für die nächste Zeit gelten. Wir werden als Regierung stets neu prüfen, was sich wieder korrigieren lässt, aber auch, was womöglich noch nötig ist.

Dies ist eine dynamische Situation, und wir werden in ihr lernfähig bleiben, um jederzeit umdenken und mit anderen Instrumenten reagieren zu können. Auch das werden wir dann erklären.

Deswegen bitte ich Sie: Glauben Sie keinen Gerüchten, sondern nur den offiziellen Mitteilungen, die wir immer auch in viele Sprachen übersetzen lassen.

Wir sind eine Demokratie. Wir leben nicht von Zwang, sondern von geteiltem Wissen und Mitwirkung. Dies ist eine historische Aufgabe, und sie ist nur gemeinsam zu bewältigen.

Dass wir diese Krise überwinden werden, dessen bin ich vollkommen sicher. Aber wie hoch werden die Opfer sein? Wie viele geliebte Menschen werden wir verlieren? Wir haben es zu einem großen Teil selbst in der Hand. Wir können jetzt, entschlossen, alle miteinander reagieren. Wir können die aktuellen Einschränkungen annehmen und einander beistehen.

Diese Situation ist ernst und sie ist offen. Das heißt: Es wird – nicht nur, aber auch – davon abhängen, wie diszipliniert jeder und jede die Regeln befolgt und umsetzt.

Wir müssen, auch wenn wir so etwas noch nie erlebt haben, zeigen, dass wir herzlich und vernünftig handeln und so Leben retten. Es kommt ohne Ausnahme auf jeden Einzelnen und damit auf uns alle an.

Passen Sie gut auf sich und auf Ihre Liebsten auf. Ich danke Ihnen.

# »Ein Europa, das Hoffnung macht«

## Zur deutschen EU-Ratspräsidentschaft 2020 vor dem Europäischen Parlament

*8. Juli 2020 in Brüssel*

Sehr geehrter Herr Präsident,
sehr geehrte Frau Kommissionspräsidentin,
liebe Kolleginnen und Kollegen im Europäischen Parlament,
meine Damen und Herren,

es ist mir eine Freude, zu Beginn der deutschen EU-Ratspräsidentschaft vor dem Plenum des Europäischen Parlaments zu sprechen. Wie die meisten von Ihnen habe auch ich die direkten Begegnungen mit Menschen, die Gespräche von Angesicht zu Angesicht, vermisst.

Für mich ist dies nun die erste Auslandsreise nach Ausbruch der Pandemie; und sie führt mich bewusst und mit ganzer Überzeugung zu Ihnen, ins Herz der europäischen Demokratie. In diesen Zeiten, in denen die Europäische Union diese Krise gestärkt bestehen will, braucht es das Europäische Parlament.

Die Aufgaben vor uns sind gewaltig; und sie verlangen gewaltige Anstrengungen. Sie brauchen eine parlamentarische Auseinandersetzung, sie brauchen politische Vermittlung, sie brauchen kulturelle Übersetzungen in die verschiedenen Länder und Regionen. Und dafür braucht es Sie. Daher ist es mir eine besondere Ehre, Ihnen heute die Schwerpunkte der deutschen Ratspräsidentschaft vorzustellen.

Mir sind fünf Themen in dieser Zeit besonders wichtig: unsere Grundrechte, der Zusammenhalt, der Klimaschutz, die Digitalisierung und Europas Verantwortung in der Welt. Diese fünf Themen sind wichtig, weil wir Europa nachhaltig wandeln müssen, wenn wir Europa schützen und bewahren wollen. Nur dann wird Europa auch in einer sich rasant verändernden globalen Ordnung souverän und verantwortungsvoll seine eigene Rolle einnehmen können.

Uns allen ist bewusst, dass mein heutiger Besuch vor dem Hintergrund der größten Bewährungsprobe in der Geschichte der Europäischen Union stattfindet. Die weltweite Coronavirus-Pandemie hat auch in Europa Menschen hart und unerbittlich getroffen. Wir haben über hunderttausend Tote allein in Europa zu beklagen. Viele Bürgerinnen und Bürger konnten von ihren geliebten Menschen aufgrund der strengen Quarantäneregeln nicht einmal Abschied in der letzten Stunde nehmen. Das darf nicht vergessen werden bei allem Einsatz für den Neuanfang, bei allem Engagement für die ökonomische Erholung: die Trauer um die Toten, der Schmerz über die unmöglichen Abschiede. Das wird uns noch lange begleiten.

Unsere Wirtschaft wurde und wird europaweit schwer erschüttert. Millionen Beschäftigte haben ihren Arbeitsplatz verloren. Zusätzlich zu den Sorgen um ihre Gesundheit und die Gesundheit ihrer Familien ist bei vielen Bürgerinnen und Bürgern so auch noch die Angst um ihre wirtschaftliche Existenz dazugekommen. Sie alle brauchen jetzt unsere gemeinsame Unterstützung.

Um die Infektionsketten zu durchbrechen, mussten vorübergehend die elementarsten Grundrechte eingeschränkt werden. Das war ein sehr hoher Preis, denn für diese Grundrechte haben Generationen in Europa hart gerungen. Menschen- und Bürgerrechte sind das wertvollste Gut, das wir in Europa haben. Sie dürfen nur aus sehr gewichtigen Gründen und nur sehr kurzfristig eingeschränkt werden. Eine Pandemie darf nie Vorwand sein, um demokratische Prinzipien auszuhebeln.

Jedes Land Europas erinnert sich anders an die eigenen historischen Umbrüche, an die unterschiedlichen Kämpfe für Freiheit und Rechtsstaatlichkeit. Und zugleich eint uns genau diese Errungenschaft der Grundrechte in Europa. Für mich, die ich 35 Jahre meines Lebens in einem System der Unfreiheit gelebt habe, war die Einschränkung dieser Rechte in der Pandemie eine Entscheidung, die mir unendlich schwergefallen ist.

In dieser historischen Phase übernimmt nun Deutschland die EU-Ratspräsidentschaft. Diese Aufgabe erfüllt mich mit Respekt, aber auch mit großer Leidenschaft. Denn ich glaube an Europa. Ich bin überzeugt von Europa – nicht nur als Erbe der Vergangenheit, sondern als Hoffnung und Vision für die Zukunft.

Europa ist nicht nur etwas, das uns übergeben wurde, etwas Schicksalhaftes, das uns verpflichtet, sondern Europa ist etwas Lebendiges, das wir gestalten und verändern können. Europa nimmt uns keine Handlungsmöglichkeiten, sondern in einer globalisierten Welt gibt Europa uns erst welche. Nicht ohne, sondern nur mit Europa können wir unsere Überzeugungen und Freiheiten erhalten.

Dafür brauchen wir eben mehr denn je die Orientierung an den Grundrechten, zugleich mehr denn je die wechselseitige Unterstützung und den gemeinschaftlichen Zusammenhalt. Europa wird nur dann Europa bleiben, wenn es auf dieser Grundlage innovative Antworten auf die Herausforderungen des Klimawandels und der Digitalisierung gibt und sich seiner Verantwortung in der Welt stellt.

Das sind die großen Aufgaben, aber ich bin zuversichtlich. Denken Sie an das, was Europa schon an Prüfungen und Konflikten bestanden hat. Denken Sie etwa an die gescheiterte

Verfassung für Europa vor 15 Jahren oder an die Wirtschafts- und Finanzkrisen, über die wir hart gestritten haben. Oder denken Sie an die Flüchtlingsbewegungen vor fünf Jahren. Das war nie leicht. Das hat immer auch zu Verletzungen geführt. Aber auch die bittersten Krisen haben geholfen, die Nöte und Bedürfnisse des jeweils anderen besser zu verstehen. Wir haben miteinander gelernt.

Europa hat all diese Krisen überstanden, weil am Ende allen bewusst war, was unverzichtbar ist: die Grundrechte und der Zusammenhalt. Die Menschen- und die Bürgerrechte, die Unantastbarkeit der menschlichen Würde, die Freiheit zur individuellen persönlichen, politischen und gesellschaftlichen Entfaltung, der Schutz vor Diskriminierung und Missachtung, nicht zuletzt die Gleichberechtigung – die nicht nur behauptete, sondern realisierte Gleichberechtigung –: sie bilden das ethisch-politische Fundament, auf dem Europa ruht. Das sind die Rechte, die für alle gelten. Sie gelten nicht für die einen mehr und die anderen weniger. Sie gelten nicht für die einen immer und für die anderen nur manchmal. Sie gelten.

Das ist das Versprechen Europas, das wir garantieren müssen: dass die Bürgerinnen und Bürger wirklich frei darin sein dürfen, ihren religiösen Glauben, ihre kulturellen oder politischen Überzeugungen zu leben, dass sie ihren jeweiligen Vorstellungen vom Glück oder dem guten Leben anhängen dürfen.

Die Demokratie, auch die europäische Demokratie, lebt von der öffentlichen, kritischen Debatte. Eine Demokratie, in der oppositionelle Stimmen unerwünscht sind, eine Demokratie, in der soziale oder kulturelle und religiöse Vielfalt unerwünscht ist, ist keine.

Die Pandemie hat uns allen nur zu deutlich vor Augen geführt, wie kostbar die Grundrechte sind, wie elementar die Freiheiten sind, die sie garantieren. Über den Schutz dieser Grundrechte wachen in der Europäischen Union starke Institutionen: die Europäische Kommission, der Europäische Gerichtshof und das Europäische Parlament. Die Grundrechte sind das Erste, was mir in dieser Ratspräsidentschaft am Herzen liegt.

Gestützt und ergänzt werden muss das durch das zweite Prinzip, das Europa ausmacht: unseren Zusammenhalt. Denn Europa wird nur gestärkt aus dieser Krise hervorgehen, wenn wir bereit sind – bei allen Differenzen –, gemeinsame Lösungen zu finden, und wenn wir bereit sind, die Welt auch mit den Augen des anderen zu betrachten und Verständnis für die andere Perspektive zu zeigen. Europa wird nach der Krise stärker werden als zuvor, wenn wir den Gemeinsinn stärken. Allein kommt niemand durch diese Krise. Wir alle sind verwundbar. Europäische Solidarität ist nicht einfach nur eine humane Geste, sondern eine nachhaltige Investition. Europäischer Zusammenhalt ist nicht nur etwas, das politisch geboten ist, sondern etwas, das sich lohnen wird.

Das ist auch das Leitmotiv unserer Ratspräsidentschaft: »Gemeinsam. Europa wieder stark machen.« Dieser Aufgabe werde ich mich gemeinsam mit der Bundesregierung mit aller Leidenschaft widmen.

Aber dafür brauche ich Sie. Um diesen Gemeinsinn in der EU zu schützen, braucht es das Parlament. Denn Sie sind die Vermittler des gegenseitigen Verständnisses, das wir brauchen, um Kompromisse zu erreichen. Sie vertreten fast 450 Millionen Bürgerinnen und Bürger in 27 Staaten. Sie sind die Übersetzer der europäischen Prinzipien. Sie erläutern den Menschen Europa und vermitteln so zwischen Brüssel, Straßburg und Ihren Heimatregionen. Sie kommunizieren nicht nur in 24 Sprachen, sondern Sie leben mit dieser Vielfalt der Perspektiven und Erfahrungen. Wer, wenn nicht Sie, könnte den Menschen in Europa die Haltung anderer Mitgliedstaaten erklären?

Deswegen bitte ich Sie als Mittler und Vermittler des Zusammenhalts um Ihre Unterstützung in dieser schwierigen Zeit. Helfen Sie uns, das wechselseitige Verständnis füreinander zu vertiefen. Helfen Sie uns, Europas Zusammenhalt zu stärken.

Die höchste Priorität der deutschen Ratspräsidentschaft ist es, dass Europa geeint und gestärkt aus der Krise kommt. Aber wir wollen Europa nicht nur kurzfristig stabilisieren – das wäre zu wenig. Wir wollen auch ein Europa, das Hoffnung macht. Wir wollen ein Europa, das sich selbstbewusst und mutig den Aufgaben der Gegenwart stellt. Wir wollen ein Europa, das zukunftsfähig ist, das innovativ und nachhaltig seinen Platz in der Welt behauptet. Wir wollen einen Aufbruch für Europa.

Dieser Überzeugung folgt auch die deutsch-französische Initiative von Mitte Mai. Gemeinsam mit dem französischen Staatspräsidenten Emmanuel Macron habe ich einen europäischen Aufbaufonds in Höhe von 500 Milliarden Euro vorgeschlagen. Ich freue mich, dass die Europäische Kommission viele Aspekte dieser deutsch-französischen Initiative in ihrem Vorschlag zum Mehrjährigen Finanzrahmen und zum Aufbauprogramm berücksichtigt. Auf dieser Grundlage wird derzeit im Europäischen Rat unter Leitung von Charles Michel diskutiert.

Unser gemeinsames Ziel ist es, möglichst rasch eine Einigung zu finden. Denn die Tiefe des wirtschaftlichen Einbruchs mahnt uns zur Eile. Wir dürfen keine Zeit verlieren. Darunter würden nur die Schwächsten leiden. Ich hoffe sehr, dass wir noch in diesem Sommer zu einer Übereinkunft gelangen können. Das wird noch viel Kompromissbereitschaft von allen Seiten erfordern – auch von Ihnen.

Die Lage ist außergewöhnlich, ja, einmalig in der Geschichte der Europäischen Union. Deswegen ist Deutschland auch für die außergewöhnliche und einmalige Kraftanstrengung in einer Größenordnung von 500 Milliarden Euro eingetreten.

Jetzt wird es darauf ankommen, dass wir uns auch europäisch einig werden.

Ich bin davon überzeugt, dass die soziale Dimension ebenso entscheidend ist wie die wirtschaftliche. Ein sozial und wirtschaftlich gerechtes Europa ist für den demokratischen Zusammenhalt entscheidend. Es ist das beste Rezept gegen all jene, die unsere Demokratien schwächen und unsere Gemeinsamkeiten infrage stellen wollen.

Auch aus diesem Grund werden wir in unserer Ratspräsidentschaft unser Augenmerk ganz besonders auch auf junge Menschen und Kinder richten. Sie sind Europas Zukunft und von der Krise besonders stark betroffen. Daher wollen wir unter anderem mit einer europäischen Jugendarbeitsagenda ihre Entwicklung fördern und sie mit einer gestärkten Jugendgarantie auf den Weg in ihr Berufsleben aktiv unterstützen.

Wir dürfen nicht naiv sein. In vielen Mitgliedstaaten warten die Europagegner nur darauf, die Krise für ihre Zwecke zu missbrauchen. All jenen müssen wir jetzt zeigen, wo der Mehrwert der Zusammenarbeit in der Europäischen Union liegt. Wir müssen zeigen, dass die Rückkehr zum Nationalismus nicht mehr, sondern weniger Kontrolle bedeutet und dass uns nur gemeinsames Handeln als Europa schützt und stärkt.

Deswegen ist es richtig und wichtig, dass die besonders von der Krise betroffenen Regionen und vor allem die Menschen, die dort leben, auf unsere Solidarität zählen können. Es liegt in unserem ureigenen Interesse. Aber gleichzeitig heißt das im Ergebnis immer auch, dass die Kraftanstrengung, die jetzt zum Wohle aller notwendig ist, nicht einseitig die wirtschaftlich starken Mitgliedstaaten über Gebühr belasten darf, sondern dass jeder von uns gefordert ist, sich in die Lage des anderen zu versetzen. Also bedenken Sie auch, was die einzelnen Mitgliedstaaten leisten können und was nicht – wirtschaftlich, gesellschaftlich und politisch. Bei all dem bitte ich Sie als europäische Abgeordnete heute um Ihre Unterstützung. Ich bin davon überzeugt, dass jeder in dieser Krise zur außergewöhnlichen Solidarität bereit ist. Deutschland ist es.

Die Bewältigung der Pandemie und ihrer Folgen wird unsere Ratspräsidentschaft prägen. Zugleich müssen wir immer auch die weiterhin bestehenden anderen großen Herausforderungen unserer Zeit im Blick haben. Das sind die Themen drei, vier und fünf, auf die es für Europa ankommen wird.

Zunächst: der Klimawandel. Vor etwa einem halben Jahr hat die EU-Kommissionspräsidentin Ursula von der Leyen in diesem Haus ihr Klimaschutzprogramm vorgestellt. Sie hat eindringliche Worte an Sie gerichtet und betont, dass Europa jetzt handeln müsse, wenn unser Planet lebensfähig bleiben wolle. Auch ich bin davon überzeugt, dass eine globale Lösung des Klimawandels nur dann möglich ist, wenn Europa eine Vorreiterrolle beim Klimaschutz einnimmt. Die Strategie für einen grünen Deal der Europäischen Kommission ist daher für uns eine wichtige Leitlinie. Mit ihrer engen Begleitung im Verlauf unserer Ratspräsidentschaft wollen wir den Wandel hin zu einer kohlenstoffneutralen Wirtschaft und Gesellschaft und zu einer grünen Wirtschaft mit starken und innovativen Unternehmen schaffen – einer Wirtschaft, die die natürlichen Lebensgrundlagen und die Wettbewerbsfähigkeit Europas für die kommenden Generationen schützt und stärkt.

Dabei ist mir wichtig, dass wir Europas Klimaneutralität bis 2050 rechtlich festschreiben. Deswegen begrüße ich die Überlegungen der Europäischen Kommission, als Zwischenschritt die Emissionen bis zum Jahr 2030 auf 50 bis 55 Prozent gegenüber 1990 zu reduzieren. In dieser Perspektive werden wir auch die Arbeiten am Europäischen Klimaschutzgesetz begleiten.

Die weitere große Herausforderung und der vierte Punkt, der uns während unserer Präsidentschaft besonders wichtig ist, ist der digitale Wandel. Wie auch der Klimaschutz erfordert er, dass wir unsere Art zu leben und zu wirtschaften nachhaltig ändern. Das löst bei vielen Menschen Angst aus – Angst vor dem Verlust von Vertrautem und Angst vor dem Tempo der Veränderung. Und das ist auch verständlich.

Aber lassen Sie mich sehr deutlich sagen: Das Engagement für die Digitalisierung wie für den Klimaschutz bedeutet nicht, dass wir alles Etablierte aufgeben und damit die Arbeitsplätze von Millionen Europäerinnen und Europäern aufs Spiel setzen. Im Gegenteil, es geht um einen notwendigen Wandel unserer Gesellschaft, der langfristig mehr Schutz und mehr Nachhaltigkeit bieten wird. Denn gerade auch in den vergangenen Wochen und Monaten ist uns Europas digitale Abhängigkeit von Drittstaaten erneut deutlich geworden. Dies haben viele von uns im Verlauf ihrer täglichen digitalen Kommunikation zweifellos festgestellt – sei es bei der Technologie oder bei den Dienstleistungen. Es ist wichtig, dass Europa digital souverän wird. Gerade in den Schlüsselbereichen wie der künstlichen Intelligenz und dem Quantencomputing, aber auch beim Aufbau einer vertrauenswürdigen und sicheren digitalen Infrastruktur wollen wir vorankommen.

Entscheidend ist auch der effektive Schutz unserer Demokratien vor Cyberbedrohungen und Desinformationskampagnen. Denn eine Demokratie braucht eine Öffentlichkeit, in der Wissen und Informationen geteilt werden können und in der sich Bürgerinnen und Bürger austauschen und darüber verständigen können, wie sie leben wollen. Wir erleben es gerade: Mit Lüge und Desinformation lässt sich die Pandemie nicht bekämpfen, ebenso wenig wie mit Hass und Hetze. Dem Fakten leugnenden Populismus werden seine Grenzen aufgezeigt. In einer Demokratie braucht es Wahrheit und Transparenz. Das zeichnet Europa aus; und dafür wird sich Deutschland in seiner Ratspräsidentschaft stark machen.

Der fünfte Punkt ist Europas Verantwortung in einer globalisierten Welt. Ein Blick auf die Landkarte zeigt, dass Europa an seinen Außengrenzen neben Großbritannien und dem westlichen Balkan unter anderem von Russland, Belarus, der Ukraine, der Türkei, Syrien, dem Libanon, Jordanien, Israel, Ägypten, Libyen, Tunesien, Algerien und Marokko umgeben ist. Gleichzeitig leben wir in einer Zeit globaler Umbrüche, in der sich die Kraftfelder verschieben und Europa – bei aller Einbindung vieler Mitgliedstaaten in das transatlantische Bündnis – mehr auf sich selbst gestellt ist.

Wir können und müssen selbst entscheiden, wer Europa in dieser sich rasant verändernden Weltordnung sein will. Es kommt mehr denn je darauf an, ob wir es ernst meinen mit Europa und ob wir ein Europa wollen, das seine Freiheit und seine Identität auch in Zeiten der Globalisierung bewahrt. In dieser Lage ergibt sich die Notwendigkeit einer starken europäischen Außen- und Sicherheitspolitik.

Ein wichtiger Partner dabei ist und bleibt das Vereinigte Königreich. Die Gestaltung unseres künftigen Verhältnisses wird uns im kommenden Halbjahr stark beschäftigen. Die Fortschritte in den Verhandlungen sind bisher – um es zurückhaltend zu sagen – übersichtlich. Wir haben mit Großbritannien vereinbart, die Verhandlungen zu beschleunigen, um noch im Herbst ein Abkommen zu schließen, das dann bis Ende des Jahres ratifiziert werden müsste. Ich werde mich weiterhin für eine gute Lösung stark machen. Aber wir sollten auch für den Fall vorsorgen, dass ein Abkommen doch nicht zustande kommt.

Während unserer Präsidentschaft sollten wir alles daransetzen, auch auf drei weiteren außenpolitischen Feldern Fortschritte zu erzielen; und zwar erstens bei der Beitrittskonferenz zumindest mit Nordmazedonien, gegebenenfalls auch Albanien – einem wichtigen Schritt auf dem Weg, den Staaten des westlichen Balkans eine Beitrittsperspektive zu geben –, und zweitens in unseren Beziehungen mit unserem Nachbarkontinent Afrika und der Afrikanischen Union, die wir bei einem EU-Afrika-Gipfel zukunftsgerichtet vertiefen wollen.

Hierzu gehören auch weiterhin Fragen unserer Migrationszusammenarbeit. So viele Menschen wie noch nie zuvor sind auf der Flucht. Deshalb stehen wir in besonderer Verantwortung, bei einem für Europa so zentralen Thema wie der Asyl- und Migrationspolitik weiterzukommen. Diese Frage erfordert viel politische Sensibilität, aber wir dürfen nicht wegschauen, sondern müssen uns gemeinsam dieser humanitären und politischen Aufgabe stellen.

Drittens und nicht zuletzt werden uns unsere strategischen Beziehungen mit China beschäftigen, die durch enge handelspolitische Verbindungen, aber gleichermaßen auch sehr unterschiedliche gesellschaftspolitische Vorstellungen, vorneweg bei der Wahrung der Menschenrechte und der Rechtsstaatlichkeit, geprägt sind. Auch wenn der EU-China-Gipfel im September leider nicht stattfinden kann, wollen wir den offenen Dialog mit China fortsetzen.

Während der deutschen Ratspräsidentschaft wollen wir außerdem unsere Überlegungen darüber fortführen, ob wir in Fragen der Außen- und Sicherheitspolitik am Einstimmigkeitsprinzip festhalten wollen oder nicht und welche Lehren Europa aus der Coronaviruskrise ziehen soll, zum Beispiel mit Blick darauf, wie Europas Souveränität im Gesundheitssektor gestärkt werden könnte. Diese Debatte sollten wir auch im Rahmen einer Konferenz zur Zukunft Europas führen, die von der Europäischen Kommission im vergangenen Jahr vorgeschlagen wurde und zu der Sie mit Ihren Entschließungen viele Ideen entwickelt haben. Ich plädiere für eine Konferenz, die sich auf wenige Themen konzentriert, mit konkreten Ergebnissen aufwartet und Bürgerinnen und Bürger aus und in verschiedenen Mitgliedstaaten zu Diskussionen zusammenführt. Hierzu habe ich heute auch schon mit dem Präsidenten des Europäischen Parlaments David Sassoli gesprochen.

Herr Präsident, Frau Kommissionspräsidentin, meine Damen und Herren, wollen wir Europa? Dann braucht es das, wovon ich heute gesprochen habe. Dann braucht es die Grundrechte und den Zusammenhalt. Dann braucht es Antworten auf den Klimawandel und die Digitalisierung. Dann braucht es Europas Verantwortung in der Welt. Dann müssen wir Europa grüner, digitaler und damit innovativer und wettbewerbsfähiger gestalten. Denn Europa soll international für eine Ordnung des Rechts und für Innovation und Nachhaltigkeit stehen. Das ist die Vision für Europa.

Lassen Sie mich mit einem persönlichen Gedanken schließen. Ich bin Musikliebhaberin. So ist es mir eine große Freude, dass in unserer Ratspräsidentschaft ein ganz besonderer Jahrestag liegt. Im Dezember 2020 wäre der Komponist der Europahymne, Ludwig van Beethoven, 250 Jahre alt geworden. Mich erfüllt diese 9. Sinfonie immer noch und immer wieder neu. Bei jedem Hören entdecke ich in der Musik etwas anderes, das mich trifft und beeindruckt, so wie Europa auch. Es lässt sich immer wieder neu entdecken. Und es beeindruckt mich immer noch.

So lassen Sie mich heute mit dem Wunsch enden, dass die Botschaft dieser Musik, die Idee der Brüderlichkeit und Eintracht, uns in Europa leiten möge. Welche Botschaft könnte passender sein als die, dass dieses Europa zu Großem fähig ist, wenn wir einander beistehen und zusammenhalten?!

Herzlichen Dank!

# »Wir haben hier noch eine wirklich große Aufgabe vor uns«

## Rede in der Haushaltsdebatte im Deutschen Bundestag

*9. Dezember 2020 in Berlin*

Herr Präsident!
Liebe Kolleginnen und Kollegen!

Fast 500 Milliarden Euro umfasst der Bundeshaushalt 2021, über den wir ja seit gestern sprechen. Nach einer Neuverschuldung im Jahre 2020 von 218 Milliarden Euro haben wir 2021 neue Schulden in Höhe von fast 180 Milliarden Euro veranschlagt. Eine Entscheidung über die Aufnahme von Schulden in dieser Größenordnung ist alles andere als leicht. Das fühlt und spürt jeder hier.

Wir hatten viele Jahre, in denen wir nicht mehr über neue Schulden sprechen mussten, sondern einen ausgeglichenen Haushalt hatten. Wir müssen uns auch immer wieder vergegenwärtigen, was öffentliche Schulden bedeuten. Es bedeutet natürlich die Belastung künftiger Haushalte, es bedeutet die Notwendigkeit, das zurückzuzahlen, und es bedeutet Einschränkungen für künftige Ausgaben und für künftige Generationen.

Aber – das ist das, was für uns wichtig ist, und ich bin sehr dankbar, dass die Mehrheit dieses Hauses das genauso sieht –:

Wir leben in einer Pandemie. Wir leben damit in einer Ausnahmesituation. Wir leben mit einer Herausforderung, wie sie die Bundesrepublik Deutschland noch nicht in dieser Art gekannt hat. Wir müssen etwas dafür tun, dass wir in dieser besonderen Situation auch besonders handeln, und das drückt dieser Haushalt aus.

Was leitet uns dabei? Uns leitet dabei, dass Deutschland ein starkes Land ist, die viertgrößte Volkswirtschaft der Welt, ein wichtiger Partner in der Europäischen Union, der Nato, bei den Vereinten Nationen, ein weltweit anerkanntes, freies, offenes, demokratisches Land und ein Land mit gesellschaftlichem Zusammenhalt und einer starken Zivilgesellschaft. Diese Stärke – das ist das, was uns leitet in diesem Haushalt – wollen wir auch in dieser Ausnahmesituation erhalten und die Voraussetzungen dafür schaffen, dass wir nach Überwindung der Pandemie da wieder anknüpfen und diese Rolle auch weiterspielen können. Das ist das, was uns leitet.

Es macht ja niemand für uns. Dass wir das früher waren und heute sind, das reicht ja nicht aus, sondern wir müssen dafür arbeiten, dass das auch für die Zukunft gesichert ist. Ich habe es schon mehrfach hier gesagt: Diese Pandemie ist ja etwas, was die Kräfteverhältnisse auf der Welt durchaus erst einmal ökonomisch, aber vielleicht auch gesellschaftspolitisch neu ordnet. Das heißt, wir müssen schauen, wie wir eingebettet sind in die globalen Zusammenhänge.

Wenn wir uns die Wirtschaftsprognosen des Internationalen Währungsfonds anschauen, dann sehen wir, dass viele Länder sehr, sehr starke Wirtschaftseinbrüche haben, schon nach den heutigen Prognosen, die sich ja immer wieder ändern können. Darunter sind auch viele europäische Länder – Italien, Frankreich, Großbritannien –, die alle einen Wirtschaftseinbruch von circa minus zehn Prozent für dieses Jahr verzeichnen. Dann gibt es eine Mittelgruppe – USA, Deutschland gehört im Augenblick laut Prognosen dazu, Australien –, die bei einem Wirtschaftseinbruch von minus vier bis minus sechs Prozent liegt. Und dann gibt es Länder wie zum Beispiel China, die aus diesen Jahren mit einem Plus von 1,9 Prozent herauskommen werden, und zwar im Kampf gegen das gleiche Virus.

Das heißt: Wir müssen also alles tun, damit der Weg der Erholung, auf den wir im dritten Quartal nach einem massiven Einbruch im zweiten Quartal gekommen sind, auch fortgesetzt werden kann, und wir müssen alles dafür tun, dass die Prognosen, die besagen, dass wir 2022 wieder das Vorkrisenniveau erreichen können, auch wirklich Realität werden.

Was wir immer wieder beachten müssen, ist, dass sich weltweit zeigt: Die Wirtschaft ist genau dort vor allem widerstandsfähig, wo die Pandemie unter Kontrolle ist. Es geht eben nicht um Kampf für die Gesundheit gegen Kampf für Wirtschaft und Bildung und Kultur und anderes, sondern beides miteinander in Einklang zu bringen, das ist die komplizierte Aufgabe, die wir täglich neu austarieren müssen. Wir wissen zwar immer mehr über das Virus; aber wir wissen nicht alles, zum Beispiel natürlich auch nicht, wie wir jetzt im Winter reagieren müssen. Das heißt also: Wir müssen sehen, dass Deutschland zu denjenigen Ländern zählt, die diese Zeit erfolgreich bewältigen, und ich bin der Meinung, der Bundeshaushalt schafft damit die richtigen Voraussetzungen.

Danke auch an die Haushälter, die ja diesmal irgendwie etwas mehr zu tun hatten, um die Regierungsvorlage in ein Gesetzeswerk zu bringen, als das in normalen Zeiten der Fall ist. Deshalb ein ganz besonderer Dank!

Wir haben die Aufgabe, die Folgen der Pandemie abzufedern und damit den gesellschaftlichen Zusammenhalt so gut wie möglich zu sichern. Und wir müssen belastbare Grundlagen schaffen für nachhaltiges Wirtschaftswachstum in der Zukunft. Deshalb haben wir auch Rekordinvestitionen in den Haushalten 2020 und 2021. Ich habe sehr wohl gestern in der

Debatte gehört, dass man sagt: »Regierung, jetzt habt ihr Geld; nun gebt es aber bitte auch aus.« Das nehmen wir sehr ernst. Ich sage ganz offen: An manchen Stellen müssen wir sicherlich auch etwas schneller handeln, auch manchmal in den Absprachen mit den Ländern schneller handeln. Das Geld ist da, und jetzt muss es eingesetzt werden. Denn von der Planung im Haushalt allein entsteht noch kein Wirtschaftswachstum, sondern nur, wenn das Geld auch fließt.

Aber wir investieren klug in die Zukunft. So ist es zum Beispiel richtig, dass wir 750 Millionen Euro für Impfstoffforschung und -entwicklung ausgeben. Wir können ja auch alle miteinander stolz sein, dass wir zwei Firmen in Deutschland haben, und zwar BioNTech, die jetzt schon mit Pfizer zusammen in der Zulassungsphase sind, und CureVac, die auf der gleichen Basis einen Impfstoff entwickeln. Wir geben neun Milliarden Euro in den nächsten Jahren für eine Nationale Wasserstoffstrategie aus, zwei Milliarden Euro für künstliche Intelligenz, zwei Milliarden Euro für Quantentechnologie, zwei Milliarden Euro für die zukünftigen Kommunikationstechnologien 5G und 6G.

Aber das Geld muss eingesetzt werden und dahin kommen, wo es gebraucht wird. Deutsche Unternehmen sollen im internationalen Wettbewerb mithalten können. Aber mir ist natürlich bewusst, dass viele Unternehmen, Arbeitnehmerinnen und Arbeitnehmer in der Coronasituation tiefe Einschnitte hinnehmen müssen. Da denke ich natürlich wie viele andere hier auch als Allererstes daran, wie viele Menschen das in ihrer persönlichen Lebensgestaltung betrifft.

Wir hatten im November 2020 2,7 Millionen Arbeitslose. Das sind 519 000 mehr als im November 2019: Das sind 519 000 Familien, die heute Sorge haben, riesige Sorge haben. Andere haben Sorge um ihren Arbeitsplatz. Deshalb war es natürlich als Erstes richtig, das Kurzarbeitergeld einzusetzen.

Dieses Kurzarbeitergeld ist für sehr viele eine Brücke. Gerade nach den Einschränkungen, die wir jetzt im November und Dezember vornehmen müssen, haben wir wieder 537 000 neue Anmeldungen allein im November gehabt. Das zeigt: Diese Brücke funktioniert, und sie muss deshalb auch fortgesetzt werden. Dafür haben wir ja die richtigen Rahmenentscheidungen getroffen.

Es geht darum, den Betroffenen schnell zu helfen; auch darüber ist gesprochen worden. Das ist natürlich eine gigantische Summe von Anträgen, die behandelt werden müssen. Vielen geht es zu langsam, aber ich weiß, dass hier die Regierung sehr hart arbeitet. Ich bin sehr froh, dass die Abschlagszahlungen jetzt auf 50 000 Euro erhöht werden konnten, sodass die Hilfe da besser ankommt.

Es waren schwere und schmerzhafte Entscheidungen, die wir bis hierher mit den Einschränkungen im November schon treffen mussten und die wir dann am 2. Dezember noch einmal verlängert haben, aber sie waren absolut notwendig. Wir müssen jetzt alles daransetzen, dass wir die deutsche Stärke nicht nur im wirtschaftlichen Bereich erhalten. Es geht nicht nur um ökonomische Daten, sondern es geht eben auch um einen weltweiten Systemwettbewerb, den wir ja spüren, um unterschiedliche politische und gesellschaftliche Systeme. Unser Handeln ist anders als das Handeln in Ländern, die stärker einer Diktatur gleichen; das ist vollkommen klar.

Deshalb wird die Wahrnehmung von uns natürlich auch durch die Frage bestimmt: Wie seid ihr denn durch diese schwierigen Monate gekommen? – Wir werden anerkannt als freiheitliche Demokratie mit offener und stark individualisierter Gesellschaft; darauf sind wir stolz. Der wichtigste Schlüssel, den wir haben, sind nicht die Verbote und Schließungen und Kontrollen; diese müssen an vielen Stellen sein. Der wichtigste Schlüssel zur erfolgreichen Bekämpfung des Virus bei uns ist das verantwortliche Verhalten jedes Einzelnen und die Bereitschaft zum Mitmachen.

Wir wissen, dass wir verbindliche Regeln brauchen. Wir wissen auch, dass sich nicht alle daran halten. Aber die große Mehrheit der Bevölkerung hat gezeigt, dass sie bereit ist, Rücksicht zu nehmen, eigene Interessen zurückzustellen, mitzuziehen. Ich bin davon überzeugt, dass die große Mehrheit der Bevölkerung dazu auch weiter bereit ist, weil sie die Dinge so sieht, dass wir hier mit einer außergewöhnlichen Situation konfrontiert werden. Dafür bin ich von Herzen dankbar, und das sollten wir alle miteinander sein.

Aber dieser Dank darf natürlich keine Sonntagsrede sein; im Gegenzug erwarten die Bürgerinnen und Bürger, dass wir ihre Sorgen und ihre Bedürfnisse in der Gemeinschaft auch ernst nehmen. Das heißt ganz konkret: Wir müssen jetzt bei der Verabschiedung dieses Bundeshaushalts an möglichst viele Gruppen in der Gesellschaft denken, die alle Einschnitte und Rückschritte im Zusammenhang mit dieser Pandemie hinnehmen müssen.

Lassen Sie mich mit den Älteren beginnen. Wir alle haben den Älteren und den ganz Alten in unserem Land viel zu verdanken. Die Pandemie macht das Leben in Heimen und Einrichtungen einsamer – wir haben oft darüber gesprochen –, und die Arbeitsbedingungen für Pflegekräfte sind noch belastender, als man sich das eigentlich wünschen würde. Wir haben 800 000 Menschen in Deutschland, die in Pflegeeinrichtungen leben. Aber wir haben auch Millionen Menschen, die ambulante Pflege in Anspruch nehmen oder durch Familienangehörige gepflegt werden; auch an die sollten wir denken.

Ich habe vor drei Wochen Gespräche mit Pflegebedürftigen und Pflegekräften geführt. Und ich habe gespürt, unter welch unglaublichem Druck gerade die Pflegekräfte, aber auch die zu Pflegenden stehen. Die Zahl der Infektionen in den Alters- und Pflegeheimen nimmt besorgniserregend zu. Deshalb müssen wir alles tun: Wir haben dafür auch Vorsorge mit Schnelltests getroffen, die leider oft nicht so schnell zur Verfügung stehen, wie wir uns das wünschen würden, und mit besserer Ausstattung der Pflegeheime. Aber wir haben hier eine noch wirklich große Aufgabe vor uns.

Der Hoffnungsschimmer, den wir alle haben, ist, dass die zügige Impfung von Risikogruppen jetzt Anfang des Jahres auch beginnen wird. Ich will an der Stelle allerdings sagen: Wir sollten hier an die Dinge sehr realistisch herangehen. Wir werden im ersten Quartal 2021 – das ist das Winterquartal – noch nicht so viele Impfungen durchführen können, dass wir sozusagen eine signifikante Veränderung in der Bevölkerung sehen werden. Aber wir haben die Chance, gerade Hochbetagte zu impfen, Pflegekräfte zu impfen und damit da, wo im Augenblick die meisten Todesfälle auftreten, wirklich schon einen Effekt zu erreichen. Damit wäre schon mal viel gewonnen. Ich bin den Ländern für die Vorbereitung der Impfzentren und die vorbereitenden Arbeiten sehr dankbar und natürlich auch dem Bundesgesundheitsminister.

Neben den Älteren müssen wir natürlich auch auf die Jüngeren achten. Wir haben als Lehre aus dem Frühjahr gesagt: Wir werden alles tun, was in unserer Macht steht, um Kitas und Schulen offen zu halten. Wir werden alles tun, um Kitas und Schulen offen zu halten. Allerdings gehört in den Wintermonaten auch das Lüften dazu. Das ist einfach so, weil wir besondere Bedingungen haben.

Die Pandemie hat manche Defizite offengelegt, an deren Überwindung wir jetzt arbeiten; ich denke an die Digitalisierung. Auch da ist es so: Von der Entscheidung, dass zum Beispiel jeder Lehrer einen Laptop bekommt, bis zu der Umsetzung, dass jeder Lehrer einen Laptop in der Hand hält, dauert es in Deutschland immer Monate. Wir können an allen Stellen schneller werden, aber genügend Geld ist da.

Wir werden das nächste Jahr zu einer Bildungsoffensive im digitalen Bereich nutzen. Wir werden mit den Ländern Kompetenzzentren für digitale Bildung entwickeln. Wir werden eine digitale Bildungsplattform schaffen, und zwar nicht nur für Schulen, sondern auch für Berufsschulen und für andere Bildungsbereiche.

Wir müssen auf die Familien achten. Die Familien stehen unter einem besonderen Stress und einer besonderen Herausforderung in diesen Zeiten. Da war es absolut richtig, dass wir den Anspruch auf jeweils 15 Kinderkrankentage pro Kind pro Jahr für jedes Elternteil beschlossen haben und für Alleinerziehende 30 Tage. Jeder ahnt, was jetzt in den Familien los ist, wenn man morgens nicht weiß: Hat das Kind Schnupfen? Kann es in die Schule gehen? Was ist in der Schule los? Was wartet auf uns?

Diesen Stress, der jetzt gerade in der kalten Jahreszeit da ist, müssen wir uns wirklich immer wieder vor Augen halten. Aber ich glaube, wir haben für Familien vieles getan, was sich in diesem Haushalt auch widerspiegelt: Wir werden das Kindergeld erhöhen. Wir werden den Entlastungsbetrag für Alleinerziehende verdoppeln. Der Solidaritätszuschlag fällt ab 1. Januar weg. Das sind Spielräume für Familien, die absolut wichtig sind. Und deshalb ist dieser Schwerpunkt im Haushalt von großer Bedeutung.

Die Pandemie ist ja nichts, was sich auf Deutschland beschränkt, sondern wir sind als Mitglied in der Europäischen Union in die Gesamtherausforderung eingebettet. Deutschlands Stärke ist ja gerade auch die Verankerung in starken europäischen und internationalen Partnerschaften. Deshalb hat uns das natürlich auch in unserer EU-Ratspräsidentschaft beschäftigt. Wir alle hatten uns diese Ratspräsidentschaft wirklich anders vorgestellt. Vieles konnte dabei nicht umgesetzt werden; das ist schade.

Das bestimmende Thema war natürlich die Pandemie. Deshalb kann ich sagen, dass wir hier in den letzten Monaten besser geworden sind, was die Koordinierung anbelangt: Wir haben jetzt mehrere Videoschalten mit allen Staats- und

Regierungschefs gehabt, wo wir uns immer wieder koordiniert haben.

Ich will nur daran erinnern, dass unsere Betrachtung der Zahl der Inzidenzen, zum Beispiel mit 50 als Zielmarke, inzwischen in Europa weitestgehend akzeptiert wird, auch von der ECDC, der Europäischen Gesundheitsbehörde, dass wir mehr Harmonisierung, wenn auch noch keine vollständige, bei Quarantäneregelungen haben, dass es uns jetzt in der zweiten Welle weitestgehend gelungen ist, den freien Warenverkehr doch aufrechtzuerhalten. Das hat uns ja in der ersten Welle der Epidemie sehr geschadet.

Es ist eine gute Sache, dass zusammen mit den Mitgliedstaaten die Europäische Kommission auch die Impfstoffe beschafft hat. Für uns ist manchmal gar nicht so ersichtlich, dass das so wichtig ist. Aber für die vielen kleineren europäischen Länder ist es ganz, ganz wichtig, dass wir nicht 27-mal die Vertragsverhandlungen mit jedem Impfstoffhersteller führen, sondern dass wir hier zu einer fairen Verteilung kommen, dass wir bereits mit sechs Partnern, mit sechs Unternehmen solche Verträge abgeschlossen haben und dass auch keine Neiddiskussion zumindest innerhalb der Europäischen Union aufkommen wird bezüglich der Verfügbarkeit dieser Impfstoffe.

Morgen wird der Europäische Rat stattfinden. Ich würde Ihnen gerne mehr erzählen, was wir auf diesem Europäischen Rat am Ende, am Freitag, herausbekommen werden. Aber fast alles ist noch im Fluss. Wir werden natürlich über die Frage des Austritts Großbritanniens aus der Europäischen Union und die vertraglichen Grundlagen sprechen. Der britische Premierminister wird heute Abend bei der Kommissionspräsidentin sein. Die Kommission führt für uns die Verhandlungen. Wir haben da volles Vertrauen. Es gibt nach wie vor die Chance eines Abkommens. Ich glaube nicht, dass wir schon morgen wissen, ob das gelingt oder nicht; das kann ich jedenfalls nicht versprechen. Wir arbeiten jedenfalls weiter daran.

Aber wir sind auch vorbereitet auf Bedingungen, die wir nicht akzeptieren können, also wenn es Bedingungen von britischer Seite, die wir nicht akzeptieren können, gibt, einen Weg ohne Austrittsabkommen zu gehen. Eines ist klar: Die Integrität des Binnenmarktes muss gewahrt werden können.

Da gibt es eine Reihe komplizierter Fragen, die vor allen Dingen darin bestehen, wie man die Dynamik behandelt. Wir starten jetzt von einem mehr oder weniger gleichen, harmonisierten Rechtssystem. Aber über die Jahre werden sich die Rechtssysteme natürlich überall – im Umweltrecht, im Arbeitsrecht, im Gesundheitsrecht – auseinanderentwickeln. Wie reagiert die jeweils andere Seite darauf, wenn sich die Rechtssituation – entweder in der Europäischen Union oder in Großbritannien – ändert? Wir können nicht einfach sagen: »Darüber sprechen wir nicht«, sondern wir müssen ein Level Playing Field nicht nur für heute haben, sondern auch für morgen und übermorgen. Dafür muss man Absprachen treffen, die festlegen, wie wer reagieren kann, wenn der andere seine Rechtssituation verändert. Ansonsten kommt es zu unfairen Wettbewerbsbedingungen, die wir unseren Unternehmen nicht zumuten können. Das ist die große, schwierige Frage, die noch im Raum steht neben Fragen der Fischquoten und Ähnlichem. Aber die Frage des fairen Wettbewerbs in sich auseinanderentwickelnden Rechtssystemen ist die eigentlich große Frage, auf die wir befriedigende Antworten brauchen.

Wir werden beim Europäischen Rat über die Beziehung der Europäischen Union zur Türkei sprechen. Leider ist das Angebot, das wir zu Beginn unserer Präsidentschaft sehr intensiv gemacht haben, mit der Türkei in einen intensiven Dialog zu kommen, nicht in dem Maße aufgegriffen worden, wie ich mir das gewünscht hätte. Die Aktivitäten im südlichen Mittelmeer sind nach wie vor da. Zypern hat darunter besonders zu leiden. So werden wir darüber entscheiden müssen, wie wir weiter vorgehen.

Und da liegt natürlich die Aufgabe des europäischen Finanzrahmens und Aufbaufonds vor uns. Sie wissen, dass es hier schon im Juli schwierige Verhandlungen gab. Es war schon damals absehbar, dass die Geldsummen alleine nicht das Problem sind, sondern auch die Frage der Rechtsstaatlichkeit, der Konditionalität eine große Rolle spielt; sie hat uns schon im Juli sehr beschäftigt. Das Ganze musste jetzt in einem Rechtsakt umgesetzt werden. Ungarn und Polen haben daraufhin gesagt, dass sie dem so nicht zustimmen können. Wir suchen jetzt unter Beibehaltung des Rechtsstaatsmechanismus nach Lösungen, um diese Blockade aufzuheben. Auch da kann ich Ihnen leider noch nicht sagen, ob das gelingen wird oder nicht. Die deutsche Präsidentschaft arbeitet sehr eng zusammen mit dem Rat daran.

Das wiederum liegt als Problem vor einer anderen, eigentlich bestimmenden Frage für den morgigen Europäischen Rat, nämlich der Frage: Wie verpflichtet sich die Europäische Union zu ambitionierteren Klimazielen? Am Sonnabend findet eine außerordentliche UN-Konferenz statt. Eigentlich haben wir alle gesagt: »Wir wollen im Jahre 2020 unsere Ziele erhöhen«, und die Europäische Union steht hier unter Druck. Ich will nur daran erinnern: China hat gesagt, es werde 2060 $CO_2$-frei sein und vor 2030 den Peak bei den $CO_2$-Emissionen erreichen. Das sind sehr ambitionierte Vorhaben. Wir wissen, dass die Vereinigten Staaten von Amerika nach dem Wechsel der Administration wahrscheinlich wieder zurückkehren werden zum Pariser Abkommen. Das heißt, es lasten große Erwartungen auf Europa. Unser Ziel ist, hier mindestens 55 Prozent für alle Mitgliedstaaten zu vereinbaren. Die jeweiligen rechtlichen Regelungen werden ja dann erst 2021 erarbeitet. Ob uns das gelingt, hängt sehr stark auch davon ab, wie weit wir kommen bei den finanziellen Fragen.

Wir wissen leider schon jetzt mit Blick auf die Finanzen für den Haushalt 2021, dass wir nicht pünktlich starten können mit der mittelfristigen finanziellen Vorausschau und dass die Ausgangssituation, wenn wir keinen Haushalt haben, dann monatlich ein Zwölftel des vergangenen Haushaltes bedeutet, der aber geringer wird, weil Großbritannien ausgetreten ist. Das bedeutet für viele Programme, die auch hier in Deutschland eine große Rolle spielen, die Sozialprogramme, die Kohäsionsprogramme, dass erst einmal sehr große Unsicherheit sein wird. Deshalb müssen wir uns da auf eine schwierige Zeit einstellen.

Die Notwendigkeit, international zusammenzuarbeiten, hat sich während der Pandemie ja noch einmal verstärkt; wir sehen das. Ein Beispiel, wo uns der Wert globaler Partnerschaften noch mal richtig vor Augen geführt wurde, sind sicherlich die Entwicklung wirksamer Impfstoffe und ihrer fairen Verteilung. Deshalb bin ich sehr dankbar, dass wir in den G20-Staaten schon im März vereinbaren konnten, dass wir eine globale Initiative für die faire Verteilung von Impfstoffen starten werden, den sogenannten ACT-Accelerator mit der Plattform Covax. Wir werden jetzt darauf achten, dass hier auch wirklich genügend Geld ist. Es ist noch nicht genügend Geld da. Deutschland hat sich allerdings stark beteiligt, damit eben Impfstoffe beschafft werden können, nicht nur für Europa, nicht nur für Großbritannien, nicht nur für die Vereinigten Staaten von Amerika, sondern genauso für die Entwicklungsländer.

Wir erleben – das spüren wir alle – ganz besondere Wochen. Wir sind in einer entscheidenden, vielleicht in der entscheidenden Phase der Pandemiebekämpfung, und alle historischen Erfahrungen lehren, dass gerade die zweite Welle einer Pandemie weitaus anspruchsvoller ist als die erste. Sie lehren auch, dass eine solche zweite Welle sehr schmerzhaft sein kann. Deshalb denken wir auch an die Menschen, die Tag für Tag an oder mit dem Virus sterben. Wir denken an die, die zu dieser Stunde in den Krankenhäusern um ihr Leben kämpfen, an die, die alles für sie geben, die Ärzte und Pfleger. Und ich sage Ihnen ganz offen: Das kommt mir in diesen Tagen manchmal etwas zu kurz. Was sich da abspielt, was da geleistet wird, dafür ein herzliches Dankeschön!

Daran sehen wir, dass die zweite Welle dieser Pandemie es in sich hat; das zeigen auch die historischen Erfahrungen, und es ist jetzt nicht anders, als es früher war. Wir erleben dabei ja so etwas wie ein Wechselbad der Gefühle. Auf der einen Seite, finde ich, können wir durchaus stolz darauf sein, wozu wir in den letzten zehn Monaten seit Beginn der Pandemie in der Lage waren, jeder und jede Einzelne von uns, aber auch wir als Gemeinschaft. Wir haben schon ein sehr großes Stück des Weges zurückgelegt. Wir hatten es am Anfang des Jahres mit einem ganz unbekannten Virus zu tun. Wir wissen heute sehr viel mehr über die Wege der Infektion, über die Möglichkeiten, sich zu schützen, über Symptome und Behandlungswege. Wir konnten zu Beginn des Jahres niemandem sagen, wie schnell es gelingen würde, einen Impfstoff zu entwickeln. Dass heute in Deutschland an vielen Orten Impfzentren errichtet werden – und zwar mit der begründeten Hoffnung, dass dafür auch ein Impfstoff da ist –, das ist etwas, was es in einer so kurzen Zeit in der Geschichte der Menschheit noch nicht gegeben hat. Das müssen wir uns vor Augen führen.

Also: Wir sehen Licht am Ende des Tunnels. Warum ist das so? Das ist so, weil wir Menschen kreativ sind und weil wir einen unglaublichen Forschergeist haben, weil weltweit die besten Wissenschaftlerinnen und Wissenschaftler uns gezeigt haben, was im Menschen steckt. Ich bin überzeugt: Wenn diese Pandemie überhaupt irgendetwas Gutes hat, dann zeigt sie uns, wozu wir Menschen imstande sind, wenn wir unser Herz in die Hand nehmen, wenn wir mit Ausdauer und Kreativität handeln und wenn wir über Grenzen hinweg zusammenarbeiten. Aber ich habe eben von einem Wechselbad der Gefühle gesprochen. Das heißt, dass zu dem gesamten Bild auf der anderen Seite eben leider auch gehört, dass die seit dem 2. November geltenden Kontaktbeschränkungen zwar das dramatische, exponentielle Wachstum der Neuinfektionen in den letzten Wochen stoppen konnten, dass aber die Trendumkehr ausgeblieben ist. Die Fallzahlen liegen auf einem viel zu hohen Niveau, und ganz alarmierend ist, wie stark die Zahl der Menschen, die intensivmedizinisch behandelt werden müssen, und die Zahl der Menschen wachsen, die an dem Virus sterben. Ich will es uns noch mal vor Augen führen: Die erste Lesung dieses Haushalts begann am Dienstag – da wurde er eingebracht –, dem 29. September. Da hatten wir 1827 Fälle an einem Tag, 352 belegte Intensivbetten und 12 Tote. Heute haben wir 20 815 Fälle – 3500 mehr als vor einer Woche –, 4257 belegte Intensivbetten – das ist die Zahl von gestern; die von heute ist noch nicht da – und 590 Tote. Die Konklusion heißt einfach: Die Zahl der Kontakte ist zu hoch. Die Reduktion der Kontakte ist nicht ausreichend. Wissen Sie, das ist der Unterschied; das ist ja auch nicht so schlimm. Es ist schade, aber es ist nicht so schlimm. Ich glaube an die Kraft der Aufklärung. Dass Europa heute dort steht, wo es steht, hat es der Aufklärung zu verdanken und dem Glauben daran, dass es wissenschaftliche Erkenntnisse gibt, die real sind und an die man sich besser halten sollte. Und da bin ich ganz sicher. Ich habe mich in der DDR für das Physikstudium entschieden – das hätte ich in der alten Bundesrepublik wahrscheinlich nicht getan –, weil ich ganz sicher war, dass man vieles außer Kraft setzen kann, aber die Schwerkraft nicht, die Lichtgeschwindigkeit nicht und andere Fakten auch nicht. Und das wird auch weiter gelten. Da brauchen wir uns gar keine Sorgen zu machen.

Weil die Zahlen so sind, wie sie sind, müssen wir etwas tun, und zwar Bund und Länder gemeinsam. Ich kenne die Zuständigkeiten der Länder beim Infektionsschutzgesetz – wir haben hier viel darüber gesprochen –, und ich achte diese Zuständigkeiten auch. Ich weiß aus den vielen Runden, die wir miteinander hatten: Wir können es nur gemeinsam machen. Aber ich kenne natürlich auch meine besondere Verantwortung, auch die Verantwortung der Bundesregierung, und deshalb halte ich es schon für geboten, dass Sie wissen, was mich leitet. Da will ich sagen, dass ich glaube, dass wir gut daran tun, das, was uns die Wissenschaft sagt, nämlich gestern die Leopoldina, wirklich ernst zu nehmen.

Wir freuen uns, wenn die Wissenschaft einen Impfstoff entwickelt. Wir freuen uns, wenn wir Menschen haben, die bei uns den PCR-Test entwickelt haben. Wenn uns die Wissenschaftler aber etwas sagen, dann fangen wir an, zu überlegen: Na ja, könnte sein, kann aber auch nicht sein. Ich kann nur sagen: Nehmen wir das ernst!

Die Leopoldina hat uns gestern in drei Stufen genannt, was jetzt notwendig ist. Da gibt es eine Entwicklung, über die ich mich sehr freue, und die betrifft die Stufe zwei: Was tun wir ab dem 24. Dezember? Es scheint doch weitgehend unstrittiger zu werden, dass wir danach eine Phase brauchen, vielleicht bis zum 10. Januar. Wir dürfen nicht vergessen, dass das Ziel heißt: Runter auf 50 Fälle pro 100 000 in sieben Tagen! Das Ziel heißt nicht, nach Tagen zu rechnen. Das Ziel heißt, nach Resultat zu rechnen; sonst entgleitet uns die Pandemie wieder und wieder. Wir können den Menschen nicht zumuten, sie immer wieder darüber im Unklaren zu lassen. Das ist ganz, ganz wichtig. Deshalb sind die Empfehlungen meiner Meinung nach richtig, dann die Geschäfte zu schließen und die Zahl der Menschen, die sich treffen, so klein wie möglich zu halten. Wir haben Regelungen getroffen, dass zu Weihnachten Familienfeste möglich sein sollen; aber ich appelliere an jeden, hier wirklich vorsichtig zu sein. Und ich sage es noch einmal – ich habe es schon öffentlich gesagt, aber ich sage es auch hier noch mal –: Ich halte die Öffnung von Hotels für die Übernachtung von Verwandten für falsch, weil sie wieder Anreize schafft, die vielleicht nicht notwendig sind. Aber das ist jetzt etwas, was wir nicht mehr überwinden werden. Ich halte es auch für richtig, die Schulen in dieser Zeit entweder durch Verlängerung der Ferien bis zum 10. Januar zu schließen oder aber Digitalunterricht zu machen, was auch immer – das ist egal. Wir brauchen aber Kontaktreduzierungen.

Ich sage Ihnen, was mir jetzt Sorge macht – darüber müssen wir sehr schnell in den nächsten Tagen sprechen –, und das ist die Entwicklung im Augenblick: 3500 Fälle mehr als vor einer Woche. Ich weiß, dass wir Bundesländer haben – Sachsen, Thüringen, Brandenburg, Sachsen-Anhalt –, in denen wir einen ziemlich freien Anstieg der Fälle sehen. Aber selbst wenn wir die herausrechnen, haben wir immer noch Anstiege. Und bis Weihnachten sind es von heute an noch genau 14 Tage – 14 Tage! Wir müssen alles tun, dass wir nicht wieder in ein exponentielles Wachstum kommen.

Nun hat uns die Leopoldina gesagt, für diese Zeit sollten wir wirklich alle Kontakte, die nicht absolut notwendig sind, reduzieren und meiden. So hart das ist – und ich weiß, wie viel Liebe dahintersteckt, wenn Glühweinstände oder Waffelbäckereien aufgebaut werden –: Das verträgt sich nicht mit der Vereinbarung, dass wir zum Beispiel Essen nur zum Mitnehmen für den Verzehr zu Hause einkaufen. Es tut mir leid, es tut mir wirklich im Herzen leid, aber wenn wir als Preis dafür Todeszahlen von 590 Menschen am Tag in Kauf nehmen sollen, dann ist das nicht akzeptabel aus meiner Sicht. Und deshalb müssen wir da ran!

Wenn die Wissenschaft uns geradezu anfleht, vor Weihnachten, also bevor man Oma und Opa und andere ältere Menschen sieht, eine Woche der Kontaktreduzierung zu ermöglichen, dann sollten wir vielleicht doch noch mal nachdenken, ob wir nicht irgendeinen Weg finden, die Ferien nicht erst am 19. Dezember beginnen zu lassen, sondern vielleicht schon am 16. Dezember. Was wird man denn im Rückblick auf ein Jahrhundertereignis einmal sagen, wenn wir nicht in der Lage waren, für diese drei Tage noch irgendeine Lösung zu finden? Es mag ja sein, dass die Aufhebung der Schulpflicht das Falsche ist; dann muss es eben der Digitalunterricht oder sonst etwas sein. Ich weiß es nicht; das ist auch nicht meine Kompetenz, da will ich mich nicht einmischen. Ich will nur sagen: Wenn wir vor Weihnachten zu viele Kontakte haben und es anschließend die letzten Weihnachten mit den Großeltern waren, dann werden wir etwas versäumt haben. Das sollten wir nicht tun!

Die Leopoldina hat auch recht, wenn sie uns mahnt, nach der Zeit des Zurückfahrens die möglichst höchste Berechenbarkeit für die weiteren Maßnahmen aufzuzeigen. Wenn wir ganz realistisch sind, dann sehen wir: Die Winterzeit geht bis Mitte März. Das ist eine überschaubare Zeit von Anfang Januar bis Mitte März, und das kriegen wir hin. Wir werden dann nach menschlichem Ermessen einen Impfstoff haben, und dann wird sich die Lage von Monat zu Monat verbessern.

Wir müssen uns jetzt noch einmal anstrengen. Wir haben jetzt schon so viele Monate mit diesem Virus verbracht, und wir haben doch gelernt: Wir können etwas dagegen tun! Es ist ein bisschen unmenschlich, dass ich immer auf Distanz gehen muss, dass ich niemanden treffen soll, und wenn, dann nur mit Schutzvorrichtung – das ist richtig –, mit dem Mund-Nasen-Schutz. Aber das ist ja auch nichts, was unser Leben total zerstört. Deshalb sollten wir schauen, dass wir nicht zu viele Menschenleben zerstören und gleichzeitig – das wissen wir ja – auch die Wirtschaft am Laufen halten. In diesem Sinne bitte ich Sie, auch die nächsten, nicht einfachen Tage mit uns gemeinsam durchzustehen.

Herzlichen Dank.

# Quellenverzeichnis

Anm. d. Hrsg.: Alle Internetquellen wurden zuletzt aufgerufen am 06.04.2021.

*»Gehe ins Offene«*
Rede beim Festakt zum Tag der Deutschen Einheit, 3. Oktober 2006 in Kiel
https://www.bundesregierung.de/breg-de/service/bulletin/rede-von-bundeskanzlerin-dr-angela-merkel-797168

*»Ich verneige mich«*
Rede vor der Knesset, 18. März 2008 in Jerusalem
https://www.bundesregierung.de/breg-de/service/bulletin/rede-von-bundeskanzlerin-dr-angela-merkel-796170

*»Jetzt zählt nur noch der Blick nach vorne«*
Regierungserklärung zum Finanzmarktstabilisierungsgesetz vor dem Deutschen Bundestag, 15. Oktober 2008 in Berlin
https://www.bundesregierung.de/breg-de/service/bulletin/regierungserklaerung-von-bundeskanzlerin-dr-angela-merkel-796340

*»Die Stunde des Dankes«*
Vor dem Kongress der Vereinigten Staaten von Amerika, 3. November 2009 in Washington, D.C.
https://www.bundesregierung.de/breg-de/service/bulletin/rede-von-bundeskanzlerin-dr-angela-merkel-793536

*»Das Geheimnis der Freiheit ist der Mut«*
Zur Verleihung des Medienpreises »M 100 Sanssouci Colloquium«, 8. September 2010 in Potsdam
https://www.bundesregierung.de/breg-de/service/bulletin/rede-von-bundeskanzlerin-dr-angela-merkel-795870

*»Der Weg zur Energie der Zukunft«*
Regierungserklärung, 9. Juni 2011 in Berlin
https://www.bundesregierung.de/breg-de/service/bulletin/regierungserklaerung-von-bundeskanzlerin-dr-angela-merkel-793374

*»Dafür bitte ich sie um Verzeihung«*
Gedenkveranstaltung für die Opfer rechtsextremistischer Gewalt, 23. Februar 2012 in Berlin
https://www.bundesregierung.de/breg-de/service/bulletin/neujahrsansprache-2015-798300

*»Stärker zusammenhalten«*
Neujahrsansprache zum Jahreswechsel 2014/2015, 31. Dezember 2014 in Berlin
https://www.bundesregierung.de/breg-de/service/bulletin/neujahrsansprache-2015–798300

*»Frauen sind auch Menschen«*
Beim Sommerempfang »30 Jahre Bundesfrauenministerium«, 5. Juli 2016 in Berlin
https://www.bundesregierung.de/breg-de/service/bulletin/rede-von-bundeskanzlerin-dr-angela-merkel-798728

*»Jetzt ist es an uns, Ihr Vermächtnis zu bewahren«*
Beim Europäischen Trauerakt zu Ehren von Bundeskanzler a.D. Dr. Helmut Kohl, 1. Juli 2017 in Straßburg
https://www.bundesregierung.de/breg-de/service/bulletin/ansprache-von-bundeskanzlerin-dr-angela-merkel-794138

*»Wir wollen unsere Welt schützen«*
UN-Klimakonferenz COP 23, 15. November 2017 in Bonn
https://www.bundesregierung.de/breg-de/service/bulletin/rede-von-bundeskanzlerin-dr-angela-merkel-798874

*»Über die Notwendigkeit von Toleranz«*
Im Rahmen des 500. Jahrestages der Reformation,
31. Oktober 2017 in der Lutherstadt Wittenberg
https://www.bundesregierung.de/breg-de/service/bulletin/rede-von-bundeskanzlerin-dr-angela-merkel-803118

*»Deutschland, das sind wir alle«*
Regierungserklärung vor dem Bundestag,
21. März 2018 in Berlin
https://www.bundesregierung.de/breg-de/service/bulletin/regierungserklaerung-von-bundeskanzlerin-dr-angela-merkel-862358

*»Es ist sehr ernst«*
Fernsehansprache »Dies ist eine historische Aufgabe – und sie ist nur gemeinsam zu bewältigen«, 18. März 2020
https://www.bundesregierung.de/breg-de/service/bulletin/ansprache-zur-aktuellen-lage-aufgrund-des-coronavirus-1732746

*»Ein Europa, das Hoffnung macht«*
Zur deutschen EU-Ratspräsidentschaft 2020 vor dem Europäischen Parlament, 8. Juli 2020 in Brüssel
https://www.bundesregierung.de/breg-de/service/bulletin/rede-von-bundeskanzlerin-dr-angela-merkel-1772154

*»Wir haben hier eine noch wirklich große Aufgabe vor uns«*
Rede in der Haushaltsdebatte im Deutschen Bundestag,
9. Dezember 2020 in Berlin
https://www.bundesregierung.de/breg-de/service/bulletin/rede-von-bundeskanzlerin-dr-angela-merkel-1826624

# Dank

Die Herausgeberin dankt Nico Fried für seine Spontaneität und Aufgeschlossenheit. Ein herzlicher Dank dem Verlag, besonders aber Margit Ketterle für die Unterstützung und auch für Rat und Hilfe bei diesem Buchprojekt, und an alle, die das Buch schöner gemacht haben wie Isabella, Sandra und Sibylle und auch dir, Esther, für deinen Einsatz. Denise, du weißt, dass ich dir danke.

Ein persönlicher Dank geht an Christa und natürlich ganz besonders an Andreas.

Gewidmet ist dieses Buch Jonas, der bisher nur eine Bundeskanzlerin erleben konnte: Angela Merkel.

*Caroline Draeger,*
*Godshorn im April 2021*